평신도 에세이

생활 속에서 만나는 예수님

좋은땅

평신도 에세이

ⓒ 다니엘 문, 2024

초판 1쇄 발행 2024년 12월 25일

지은이   다니엘 문
펴낸이   이기봉
편집   좋은땅 편집팀
펴낸곳   도서출판 좋은땅
주소   서울특별시 마포구 양화로12길 26 지월드빌딩 (서교동 395-7)
전화   02)374-8616~7
팩스   02)374-8614
이메일   gworldbook@naver.com
홈페이지   www.g-world.co.kr

ISBN   979-11-388-3845-0 (03230)

믿음은 생활입니다!

이 세상에서 가장 축복 받은 사람은 누구일까?

예수 그리스도 안에서 자유를 누리는 크리스천입니다.

다니엘 문

차례

세상

지상 최대의 감옥

지상 최대의 감옥이 어디에 있는지 아시나요?

수감율 세계 최고를 고수하고 있는 미국에 지상 최대의 감옥이 있을
까요? 아니면, 공산당이 장악한 중국에 있을까요?

지상 최대의 감옥은 우리들이 살고 있는 이 세상입니다.

예로부터 많은 사람들이 이 감옥에서 탈출해 보려 했지만 모두 실패
했습니다. 결론부터 말하자면 탈옥이 불가능합니다. 왜냐고요?
이 세상을 탈출해도 갈 곳이 없으니 탈출이 성립되지 않습니다.

자살을 하면 된다고요? 그건 탈출이 아니고 사형장으로 먼저 가는
겁니다. 엉뚱한 생각 하지 말고 사면 리스트에 빨리 등록을 하세요.
오늘 밤에 죽을 수도 있으니 지금 바로 해야만 합니다.

사면 리스트 서류명은 '예수 그리스도'이며, 사면 리스트의 내용은
**'입으로 죄를 시인하고, 죄사함 받고, 하나님께서 선물로 주시는
성령을 받는다'** 는 것입니다. 내용을 꼼꼼히 읽고 충분히 숙지를 한
후 본인 음성으로 사인을 하면 됩니다.

지상 최대의 감옥은 '지구' 라는 행성입니다.

보석

보석 좋아하세요?

엘리자베스 테일러는 헐리우드의 전설적인 여배우 중 하나입니다. 보석 경매회사의 주요 고객이었던 그녀는 말년에 이르러 주변 사람들이 세상을 떠나는 모습을 보면서 우울해 했다고 합니다.

하나 둘 사라져 가는 지인들을 바라보던 그녀도 이제는 더 이상 이 세상 사람이 아닙니다. 그녀는 지금 어디에 있을런지... 그리고, 그녀가 소장했었던 보석들은 어디에 있을까요?

보석이 돌보다 귀하게 분류되는 것은 아름다움과 영원성, 그리고 희귀성 때문입니다. 그렇다면 이 세상에는 보석보다 더 귀한 진짜 보석이 있습니다. 나 자신, 내 아내, 내 자녀, 내 부모는 아주 소중한 보석들입니다.

이 보석들을 어느 곳에 보관해야 안전할까요? 천국에는 좀 벌레도 없고 검은 곰팡이도 생기지 않습니다. 천국은 신원 조회가 완벽해서 도적 마귀가 절대로 들어 갈 수 없는 곳입니다. 천국에 실명 계좌를 개설하세요.

천국은행의 계좌번호는 ㅇㅖㅅㅜㄱㅡㄹㅣㅅㅡㄷㅗ 입니다.

식구와 가정

식구는 한 솥의 밥을 함께 먹는 사람들입니다.

생면부지의 한 남자와 한 여자가 만나 가정을 꾸며 갑니다. 이 가정 안에 한 생명이 등장하더니, 가정의 모든 사람을 수족처럼 부립니다. 종 노릇을 하는데도 가정에는 기쁨이 더욱 넘쳐납니다.

부부처럼 서로의 속내를 속속들이 들여다 보는 사이가 없고, 아기처럼 소중한 깃이 없고, 형제자매 같은 관계가 세상에는 없습니다. 가정은 사랑이며, 사랑은 가정에서 세상으로 흘러 갑니다.

가족과 식사를 함께 하는 것은 미래의 아름다운 가정을 만드는 훈련입니다. 가정은 함께 하는 것의 소중함을 배우고 미래의 화목한 가정을 만들어 나갈 능력을 기를 수 있는 곳입니다. 화목한 가정이 있는 한 잔혹한 세상은 더디게 만들어집니다.

함께 모여 떡을 먹는 것은 가정에서만 하는 것이 아닙니다. 교회는 함께 모여 영혼의 떡을 먹는 곳입니다. 화목한 교회가 있는 한 사탄의 왕국은 더디게 만들어 집니다.

화목하세요!

유아 살해

유아 살해를 목격하신 일이 있으신가요?

유대인 유아 대학살 사건이 성경에 2건 기록되어 있습니다. 하나는 고대 애굽에서 발생하였고, 다른 하나는 2천 년 전에 이스라엘에서 자행되었습니다.

이스라엘을 이끌어 갈 어린 세대들이 살해 당했던 것처럼, 이 세상을 이끌어 갈 어린 자녀들도 살해 당하고 있습니다.

성경에 기록된 살해 사건에서는 손과 칼을 사용했지만, 지금은 문화라는 합법적인 흉기로 살해하고 있습니다.

문화와 예술이 하나님의 메세지를 전하면 복음 문화이지만, 문화와 예술이 하나님의 메세지를 없애면 흑암 문화입니다.

K 팝이 있다고요?

글쎄요...

유아 살해의 목격자로 남아 있으렵니까?

폐쇄공포증

폐쇄공포 증상이 있으신가요?

이 공포증에 시달리고 있는 사람들은 특정한 밀폐 공간에 들어가면 큰 고통을 느끼는 것 같습니다. 하긴, 비좁고 음침한 지하실 어두운 구석으로 혼자서 걸어 가면서 온 몸에 조여드는 공포를 느끼지 않을 사람이 있겠나요.

이 세상에는 정말로 많은 어려움으로 가득합니다. 그 고통이 얼마나 극심하면 스스로 이 세상을 떠나려고 까지 하겠습니까 **마는**,

검증된 해답이 있으니 그러지 마세요. 성경에서는 인간이 겪는 모든 어려움에 대하여 명쾌한 답을 제시하고 있습니다.

평강입니다.

평강은 모든 죄악에서 자유로워진 자들에게 주어지는 영적 자유입니다. 평강이 세상으로 퍼져 나갈 때 인류가 그렇게도 원하던 평화가 찾아 옵니다.

평강의 하나님과 동행하세요.

상처

마음의 상처는 눈에 보이지 않습니다.

마음에 상처가 나면 자신도 모르는 사이에 그 곳을 보호하기 위해 그 부위에 집착하게 됩니다. 무의식적 자기 방어라고 해야 할까요?

마음의 상처는 꼭 치유 받아야 합니다. 작은 상처도 치유하지 않으면 온 몸을 썩게 합니다. 큰 상처도 치유하면 그것으로 그만입니다.

마켓에는 마음 상처의 치료제가 없습니다.
약국에는 후시딘이나 마데카솔 뿐입니다.
심리 상담사는 '호' 하고 불어 줍니다.
세월이 약이라 말하는 사람들도 있습니다.

마음의 상처를 치유할 수 있는 약은 교회약국에서 구입해야 합니다.

혹시 교회약국에 가게 되면 미리 알아 둘 것이 있습니다. 교회약국은 상처를 치료해 줄 약을 구하려 가는 곳이지 융숭한 대접을 받으려 가는 곳이 아닙니다.

약 이름은 '그리스도와의 교제'입니다.

중독

중독은 필요악입니다.

눈 앞의 문제를 이기거나 넘어갈 힘이 없으면 곁으로 피하게 됩니다. 본능적인 반사 작용입니다. 극복하지 못하고 피하는 행동이 지속적으로 반복되면 중독이 됩니다.

어쩌다 한 가치 피운 담배가 긴장을 풀어 주고, 잠시나마 숨 돌릴 틈을 주는 것을 확인하게 되면, 여러 개피로 늘어나고, 급기야는 골초를 넘어 꼴초가 됩니다. 중독입니다.

이런 중독은 어떨까요?

한 번 전도를 해 보았는데, 긴장도 풀리고, 편안해지고, 기쁨이 솟아나고, 보람을 느끼게 되고, 자꾸 전도하고 싶어지고, 전도를 하지 않으면 견딜 수가 없고, 생명의 위협을 느끼면서도 멈출 수 없고...

그리스도의 향기는 중독성이 최강이어서 세상 끝까지 퍼져 나갑니다.

중독도 중독 나름입니다.

그리스도께 중독됩시다.

건강

건강하세요?

부부가 서로를 비난하고 원망합니다. 병든 것입니다.
자녀가 내 소유물이라면 부모는 병에 걸린 것입니다.
부모에게 감사하지 않는 자녀는 병에 걸린 것입니다.
인도자의 권위를 비웃는 사람은 병에 걸린 것입니다.
헬조선이라고 말하는 국민은 큰 병에 걸린 것입니다.
교회에 흘기는 눈이 가득하면 큰 병에 걸린 것입니다.
말씀이 귀에 거슬리면 너무나 큰 병에 걸린 것입니다.
하나님을 원망하고 있다면 정말 큰 병에 걸린 겁니다.

서로의 희생을 생각하면 감사할 것 밖에 없지 않나요?
내 자녀는 독자적인 개별성을 가진 생명체 아닌가요?
부모님 만큼 내게 베풀어 주신 분이 이 세상에 있나요?
인도자의 고통을 단 한번이라도 체험해 보셨는지요?
대한민국을 세우기 위해 땀과 피를 흘려보셨는지요?
교회에 와서 세상에서 하던 짓을 해서야 되겠습니까?
내 메신저의 메시지를 위해 간절히 기도 하셨나요?
하나님께서 나를 위해 무엇을 하셨는지 아시는지요?

감사하세요!

인색과 인애

인색하세요?

평소 인색하게 살던 한 노인이 땅 값 폭등으로 벼락부자가 되었습니다. 노인은 부자가 되었어도 인색하게 살다가 죽었습니다. 손자들에게 짜장면 한 그릇 사주지 않던 노인은 구두쇠 할아버지로 손자들의 기억 속에 남게 되었습니다. 노인은 돈에 인색했고, 자신의 인생을 초라하게 만들었습니다. 인색함으로 인생을 파괴한 것입니다.

양념과 굴이 버무러진 김치와 함께 먹는 보쌈, 온갖 내장이 뒤섞인 순대국과 함께 먹는 순대, 두텁게 썬 삼겹살과 사리를 먹는 평양 냉면, 그리고 족발, 홍어회, 모밀 국수, 여기에 스시, 타코, 스파게티, 여기에 유명 셰프의 요리를 더하고, 거기에 더해서 영양제를 복용하고, 최종적으로 다이어트용 금식까지 합니다. 사람들은 자기 위장에게는 절대 인색하지 않습니다.

근검 절약은 건실함의 기본 요건이지만, 자기 자신만을 위한 것으로 제한되어 버리면 인색함으로 변질되어 버립니다. 이들은 먹는 것뿐만 아니고 감정과 생각을 나누는 일에도 아주 인색합니다. 인색함에는 '파괴'라는 독성 물질이 있습니다.

인애하세요!

작용과 반작용

작용과 반작용은 우주의 법칙입니다.

앞으로 힘껏 달리면, 달리는 힘과 동일한 양의 공기 저항이 내 몸을 힘껏 막습니다. '반작용'입니다. 반작용은 물질에만 존재하는 것은 아닙니다. 인간이 하는 모든 활동에는 작용과 반작용이 있습니다.

'인간의 원죄가 에덴동산에서 시작되었다'고 말하면, '사과 하나 따 먹은 것이 무슨 그리 큰 죄냐'고 비아냥 거리는 반작용의 사람들이 등장합니다. '예수 그리스도만이 인간을 구원하시는 구세주'라고 말하면, 곧 바로 '지독한 독선'이라는 비난의 화살이 날아 옵니다. 크리스천을 향한 세상의 반작용입니다.

세상이 왜 이러냐고요?

모르셨나요, 세상은 이렇게 두 가지의 완전 상반된 가치가 힘 겨루기를 하는 곳입니다. 하나님의 백성들과 사탄의 백성들이 각자의 나라 영토를 확장하려고 싸우는 격전지가 이 세상입니다. 하나님의 일에 참여할 때 반작용이 없다면, 자신이 하는 일을 점검해 보아야 합니다.

작용을 할 때 반작용을 두려워 마세요.

암반수

인간은 흙탕물입니다.

빗방울이 땅에 떨어지면 흙탕물이 됩니다. 흙탕물이 땅 속으로 스며들어 아래로 깊숙히 내려가면 불순물이 걸러지고 미네랄이 함유된 암반수가 됩니다.

사람들은 흙탕물 같은 현실에서 탈피하려 합니다. 현실 탈피는 답이 아닙니다. 진저리 쳐지는 환경 속에서 묵묵히 견디면서 땅 속으로 내려 가는 것을 '인내'라고 합니다.*

답답한 현실에서 묵묵히 인내하지 않으면 암반수가 될 수 없습니다. 혹시, 인내의 기간이 길다고 느끼시나요? 기뻐하세요, 오래지 않아 깊은 땅 속에서 터져 나오는 최상급의 광천암반수 샘물이 됩니다.

인간을 변화시키는 유일한 방법은 인내입니다. 기도, 찬송, 헌신 들은 모두 크리스천에게 중요한 것들이지만 '변화'를 만들어 주지는 못합니다. 신앙적인 인내는 천국 백성의 성품을 만들어 줍니다.

성도는 암반수입니다.

* 인내는 겸손을 만들고, 겸손은 인내를 만들면서, 서로를 쌓아 올라 갑니다.

돈

돈 잘 버시나요?

돈이 있으면 편리할 때가 참 많습니다. 돈이 없으면 불편을 느끼는 정도를 넘어 고통스러워 집니다. 돈이 세상을 바삐 움직이는 엔진 역할을 하는 것 같습니다.

요즈음, 이야기 중국사를 읽고 있습니다. 많은 왕들이 세워지고 그 곁에 많은 사람들이 붙어 부를 누리려고 하지만 10년을 채 넘기지 못하는 일이 5천여년 동안 지겹도록 반복되고 있었습니다.

돈을 모으는 재미가 솔솔하답니다. 나이가 들면 다른 욕심은 희미해져도, 돈 욕심 만큼은 시간이 흐를수록 그리고 채워질수록 더 강해 진답니다. 가진 자가 더 지독하다는 말이 근거 없이 나온 말이 아니었네요.

돈은 적절하게 있으면 족합니다. 여분의 돈은 흘려 보내야 합니다. 고인 물이 썩듯이, 흐르지 않는 돈은 썩어 부패해 집니다. 누구나 다 잘 알고 있는 사실이지만 이론을 현실에 적용하는 것은 쉽지 않은가 봅니다.

돈 잘 쓰시나요!

먼저 할 일

하나님께서 기뻐하실 일을 하고 싶으세요?

어느 대중가요 가수가 예수님을 알게 되었습니다. 이 가수는 예수님께 무언가 소중한 것을 바치고 싶었습니다. 대중가수의 길을 포기하고 복음성가 가수의 길로 들어 섰습니다.

처음 얼마 동안은 복음성가 가수라는 것이 감사하기만 했습니다. 시간이 흐르면서 처음의 마음과는 달리 괴리를 느끼는 자신을 발견하게 됩니다. 좀 더 시간이 흐르자, 껍데기만 예수님을 따라가는 자신을 확인하게 됩니다.

예수님을 **알**게 되면 나의 방식대로 예수님을 따라가게 됩니다.
예수님을 **만**나게 되면 예수님 앞에서 자신을 부인하게 됩니다.

예수님을 따르려면 먼저 자신을 부인해야 합니다. 모든 것의 결정권을 가진 하나님의 인도하심을 받는 것이 먼저입니다.

신앙적 자아성취로 인생을 마감하는 교인이 되지 마세요.

나를 부인하는 것이 먼저입니다.

방관자

악한 자는 나쁜 짓을 합니다.

잘못을 지적하고 바른 길을 제시해 주는 것은 올바른 일입니다. 무엇이든 이해하고 포용하는 태도는 옳은 일이 아닙니다. 모든 것을 수용하려는 태도는 사실은 포장된 무관심입니다.

사랑하는 사람이 그릇된 길을 가는데 무관심한 태도를 취하는 사람이 있나요? 그릇된 길을 지적하고 막아 서지 않는 사람은 악한 방관자입니다. 방관자의 대표적 인물은 빌라도 총독입니다.

아브라함은 롯의 불행을 방관하지 않았고, 모세는 핍박 받는 유대인을 방관하지 않았고, 다윗은 이스라엘을 위협하는 골리앗을 방관하지 않았고, 예수님께서는 하나님의 백성들을 방관하지 않았습니다.

마틴 루터 쥬니어 킹이 흑인 인권 운동을 할 때, 그를 가장 실망시켰던 부류의 사람들은 탄압하는 백인 경관들이나 백인 우월주의자들이 아닌 방관자 크리스천들이었습니다.

가장 악한자는 방관자입니다.

기독교 국가 영국

England is falling down!

많은 사람들이 영국의 기독교는 이미 회생할 수 없을 정도로 무너졌다고 합니다. 개신교가 왕성했던 영국이 왜 이렇게 까지 되었을까요?

평등법 제정에 반대해서 싸우지 않은 결과입니다.

교인들은 교회 안에서 하나님의 말씀을 나누고, 함께 기도하고, 함께 찬양을 합니다. 이런 신앙 생활이 교회 안에서만 진행된다면 이것은 전형적인 종교 생활입니다.

가정에서, 직장에서, 정치를 통해*, 법률적으로, 문화 예술을 통해, 교육 현장에서, 매스컴을 활용하여, 재정을 투자하여, 지속적으로 기독교 가치관을 수호해야 합니다.

* 정교분리는 정부가 국교를 정하고 일방적으로 강요 해서는 안 된다는 '신앙의 자유' 를 기반으로
시작된 것입니다. 교회가 정부의 정책에 간섭하지 말라는 것이 아니고, 정부가 교회 종교 활동의
자유를 침해하지 말하는 것이 본래의 취지입니다.
  예수님께서 이 땅의 왕으로 온 것이 아니라고 하신 말씀을 정교분리의 논리로 사용하기도 하는데,
이 말씀은 세상의 왕에 국한되지 않고 영적 자유를 위해 오신 것을 지적하시는 것입니다.
영적 자유를 억압하는 것을 용납하는 것은 영국의 전철을 밟는 것입니다.

백지 수표

백지수표를 받아 보신 적 있나요?

수표의 액수를 기입하지 않고 공백으로 남겨 놓는 것을 백지수표라고 합니다. 백지수표를 받은 사람이 임의로 액수를 기입하면 은행은 수표에 기입된 액수를 지급해 줍니다.

공수표는 부도수표입니다. 수표에는 일정 금액이 적혀 있지만 은행으로부터 돈을 지불해 줄 수 없다고 거절 당합니다. 부도수표는 한 장의 종이 조각에 불과합니다.

어떤 사람은 백지수표 같은 효력이 있는 말을 합니다. 이들의 말은 실제로 그대로 실현됨으로 신뢰할 수 있습니다. 어떤 사람은 전혀 감당할 수 없는 말을 마치 당연히 이루어 낼 것처럼 남발합니다. 이런 사람의 말은 잠시 후 부도가 날 공수표 같은 말입니다.

실 없는 농담으로 어색한 분위기를 화기애애하게 만드시나요? 허탄한 말로 힘든 현실을 벗어나 보려고 애를 쓰시나요? 지키지 못 할 것이라는 것을 뻔히 알면서도 장담을 하시나요? 이제 그만 멈추시고, 정확한 액수가 기입된 자기앞 수표를 사용해야 합니다.

하나님의 말씀은 자기앞 백지수표입니다.

말

말이 많으신가요?

우리 입에서 맨 처음 나오는 말은 'ㅁ' 소리나는 옹알임입니다.
세상을 떠날 때 마지막으로 나오는 말도 'ㅁ' 하는 신음입니다.

'ㅁ' 과 'ㅁ' 사이에서 우리는 참으로 많은 말들을 합니다.

우주에는 모든 소리를 저장하는 거대한 녹음기가 있다는데, 우리가
입 밖으로 뱉는 모든 말이 다 녹음되고 있답니다. 내 개인적으로는
그 녹음기에서 지워야 할 말들이 꽤 많이 있을 것 같습니다.

한 번 입 밖으로 나간 말은 손에서 놓친 놓인 풍선처럼 이리 저리 제
멋대로 하늘로 올라 저 멀리 날아가 버립니다. 하늘로 날아가 버린
풍선을 잡아 올 수 있는 사람은 없습니다.

생각들이 모이면 말이 되어 입으로 나오고, 말들이 쌓이면 행동으로
나타나고, 행동들이 반복되면 습관이 되고, 습관은 그 사람의 인생의
길이 되어 버립니다.

할 말만 하면서 삽시다.

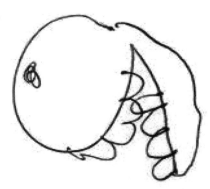

선택

잘 하고 있나요?

지금 하는 일이 무엇인가요? 모든 일은 두 가지로 분류됩니다.
나를 향한 일과 남을 향한 일입니다.

나를 향해 행하면 자기 중심적 인생이 되고,
남을 향해 행하면 선행 또는 악행이 됩니다.

할 것을 선택하는 것은 아주 중요합니다.

선택은 나의 몫입니다. 그리고 선택이 만들어 내는 결과는 백 프로
나에게 돌아 옵니다. 성급하게 무엇을 하는 것 보다, 무엇을 할 것인
지를 신중하게 선택해야 합니다.

먼저 내가 서야 할 곳에 견고하게 서, 위로 하나님의 뜻을 선택하고,
다음으로 나의 갈 길을 선택하고, 그리고 곁에 있는 남을 위한 선택
을 하는 것이 순서인데, 이 순서들이 뒤엉켜 있습니다.

잘 선택해야 합니다.

약속

약속을 잘 지키나요?

약속은 계약입니다. 모든 관계는 이 계약에 의해 결합과 분리가 진행됩니다. 약속이 지켜지면 서로의 관계는 결합이 되고, 약속이 지켜지지 않으면 분리됩니다.

인간이 하나님께 일방적으로 하는 약속이 있습니다. '서원'입니다. 약속이라고는 하지만, 실상은 조건부 청원입니다.

서원은 조건부 청원인 만큼 청원과 함께 내세웠던 전제 조건을 꼭 지켜야 합니다. 청원 내용을 하나님께서 들어 주시고 나면 내가 언제 그랬냐는 듯이 시치미를 떼는 경우가 있는데, 하나님께서는 제안된 조건을 반드시 챙겨 가십니다.

구약의 한 왕이 전쟁에서 승리하게 해달라는 서원 기도를 하면서 해서는 안 될, 그리고 구태여 안 해도 되는 조건을 내 놓았습니다. 그 결과로 왕은 자신을 반기며 뛰어 나오는 외동딸을 하나님께 제물로 바쳐야만 했습니다. 경거망동하게 서원하는 것은 감당 못 할 사채를 끌어 쓰는 것과 같습니다.

하나님과의 약속을 지키세요.

자유 사랑

자유 좋아하세요?

인류 역사에서 자유가 일상 속으로 들어 오기 시작한 것은 자유민주주의가 세워진 이후 부터였습니다. 현대에 들어서면 제한을 가해야 할 만큼 자유의 영역이 확장되었습니다.

자유 민주주의라는 개념은 기독교에서 나온 것입니다. 영적 자유가 허락된 토대 위에서 육적 자유인 '자유' 민주주의가 태동할 수 있었던 것입니다.

자유는 영적, 정신적, 육체적 자유로 나누어 집니다. 대부분의 사람들은 육체적 자유를 갈망합니다. 지식인들은 정신적 자유를 주장합니다. 근본적인 자유는 영적 자유입니다.

예수님께서는 당신을 영접하는 자들에게 모든 속박에서 벗어나게 하는 근본적이고 총괄적인 자유를 주셨습니다.

분노, 미움, 저주, 정욕, 욕심, 탐욕, 질시, 원망, 불안, 불만, 염려, 걱정, 후회, 자만, 정죄, 자긍, ...   으로 부터 탈출하여,

자유를 누리세요!

착각

뭔가 꽤나 안다고 생각했는데...

많이 되풀이 되는 질문들이 있습니다. 우주의 경계선은 어떤 모습일까? 물질을 분해하면 최종적으로는 무엇이 나올까? 시간은 무엇인가? 신이란 정말로 존재하는가?

어느 일이건 배우려면 3년은 투자해야 한답니다. 어떤 일은 평생을 걸려 배워도 다 익히지 못합니다. 뭔가 안다는 생각은 삼가해야 할 일이 아닌가 싶습니다.

예수가 그리스도임을 안다고요?

마귀는 예수가 그리스도임을 우리보다 더 잘 알고 있습니다. 그런데도 왜 마귀는 하나님을 기쁘시게 하지 못하고 하나님께서 정하신 저 주의 심판날을 기다리고 있어야 하나요?

하나님의 **자녀**가 되어야 합니다.

산다는 것

산다는 것은 전쟁입니다.

생활은 악한 영들과의 영적 전투가 매일 벌어지는 전쟁터입니다.

마귀와 혈전을 벌이는 것은 하나님 나라를 지키기 위함입니다.

승리는 하나님께 있지만 나도 전투에 참가해서 씨워야 합니다.

구원은 치열한 영육간의 전투에서 승리하여 살아 남는 것입니다.

순교는 마귀와의 영적 전투를 하는 도중에 전사하는 것입니다.

교회는 하나님의 군사들에게 기초 군사 훈련을 시키는 곳입니다.

믿음은 전투가 벌어지고 있는 현장에서 승리한다는 확신입니다.

찬송은 전투가 벌어지고 있는 현장에서 강한 담력을 키워 줍니다.

헌금은 전투에 필요한 군수품들을 구입하는데 사용되어 집니다.

사랑은 전우들을 향한 전우애이고, 내 나라를 향한 충성심입니다.

말씀은 전투에 투여되는 군인들이 먹고 마시는 전투식량입니다.

전도는 적진으로 들어가서 아군 포로들을 구출하는 작전입니다.

산다는 것이 전쟁입니다.

흑암

마귀

마귀, 그런게 어디 있어!

마귀들은 소리소문 없이 조용히 움직이면서 활동합니다. 사람들이 경각심을 갖지 않는 것이 자신들의 활동에 도움이 되기 때문입니다.

마귀들은 사람들의 마음에 욕심의 조각이 있으면 그 작은 조각에 들러 붙어 기생충 처럼 빨아 먹습니다. 욕심 뿐이겠습니까. 마음 속에 쌓인 모든 죄악된 것들이 마귀들의 서식처가 됩니다.

마귀들은 이런 부패된 환경을 지속하기 위해 자신들의 존재를 최대한 숨기고 부패된 마음의 썩은 물을 빨아 먹습니다. 사람들은 자신들의 욕망의 배후에 마귀들이 있는 줄도 모르고 성공이라는 욕망의 결정체를 향해 달려 갑니다.

구충제만 복용하지 말고, 마귀라는 기생충도 제거하세요.

영적 구충제가 필요하신가요?

바이러스

바이러스로 몇 명이 죽었다고 난리들입니다.

바이러스는 인간의 육체에 침입해서 생명을 위협합니다. 인간의 영혼을 위협하는 바이러스도 있습니다. '마귀' 라고 불리는 영적 바이러스입니다.

무언가 인기척을 느끼고 잠자리에서 눈을 떴는데, 침대 귀퉁이에 시커먼 뭔가가 미동 없이 앉아 있습니다. 무서운 어둠의 공포가 나를 소름끼치게 만듭니다.
바쁘게 일 하고 있는데, 등 뒤로 중세시대 수도승 같은 형상의 시커먼 것이 지나 갑니다. 순간 엄청난 공포로 손가락 하나 움직일 수 없이 얼어 버립니다.
주위에 아무도 없는데, 귓 가로 속살거리는 목소리가 들려 옵니다. 처음에는 하나의 목소리였는데, 시간이 지나면서 두 세 목소리로 늘어 납니다.

멈추지 말고 싸워야 합니다. 그래도 마귀에게 눌리면 어쩌냐고요? 마귀들의 탑 레벨인 사탄과 싸워 이기신 예수님께 의지하세요.

영적 바이러스와의 싸움은 선택 사항이 아닙니다.

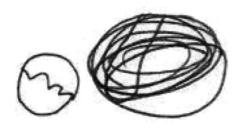

종이 호랑이

호랑이와 눈(eye) 싸움 해 보셨나요?

옛날 사람들은 호랑이를 두려워 하면서도 호랑이가 그려진 그림을 좋아 했습니다. 호랑이는 먹잇감을 보면 눈을 떼지 않고 집요하게 응시합니다. 그 레이저 광선 같은 눈 빛에 사로잡힌 먹잇감은 눈 동자 조차도 움직이지 못합니다.

마귀들은 절대로 인간에게서 눈을 떼지 않습니다. 거울을 보고 있는 나의 등 뒤에서 동공 없는 눈동자로 나를 응시할 것 같은 마귀는 인간보다 힘이 센 음산한 영물입니다.

힘이 강한 자가 다스리는 것이 영들이 활동하는 세계의 법칙입니다. 예수 그리스도는 영계의 절대 최강자입니다. 마귀들은 예수 그리스도와 함께 하는 성도들을 두려워 합니다. 예수 그리스도의 사람에게 마귀는 무력한 종이 호랑이에 불과합니다.

종이 호랑이는 찢어 버리면 됩니다.

전쟁

전쟁에서는 이겨야 합니다.

전쟁에서는 공격이 있고 동시에 방어도 필요합니다. 앞을 보고 공격만 하다가 적의 함정에 빠져 대패하는 것을 많이 보게 됩니다.

하나님의 자녀들만 표적 삼아 집요하게 공격하는 마귀들과 싸우려면 공격과 방어에 능숙해야 합니다. 그렇지 않으면 자비 없이 내리치는 마귀들의 칼날에 베이게 됩니다.

마귀들과의 전쟁에서 살아 남으려면 지휘관의 명령에 순발력 있게 복종해야 합니다. 예수 그리스도의 말씀에 순간 순간 순종하면서 공격과 방어를 반복할 때 승리를 얻을 수 있습니다.

명령 체계를 따르세요!

교만한 자는 순종할 줄 모릅니다. 자신을 과신하면서 공격에만 집중합니다. 당연한 결과로 그 교만한 자는 마귀가 치밀하게 준비해 놓은 함정에 빠지게 됩니다. 신앙 생활은 자기 잘난 맛을 즐기는 것이 아닙니다. 순종, 즉 신속하게 복종하는 것이 중요합니다

순종하는 자가 승리합니다.

고스트 버스터즈

마귀와 싸워 이겨보고 싶으신가요?

헐리웃에는 고스트 버스터즈라는 영화가 있는데 사실무근의 황당한 장면들로 가득합니다. 마귀와 술래잡기를 하는 것 같은 지나치게 장난스런 설정입니다. 이에 반해 동양의 퇴마사는 아주 진지하게 마귀와 싸우는 것 같지만 역시 현실에서 진행되고 있는 사실을 철저하게 왜곡하고 있습니다.

이 세상의 그 누구도 마귀와 싸워 이길 수는 없습니다. 공연히 싸워보겠다고 설치다가는 해코지만 당하게 됩니다. 모든 인간은 인생의 마지막 순간이 되면 곁에 서 있는 마귀를 보면서 부들부들 떨게 됩니다. 때로는 공포에 완전히 얼어 붙어 떨지도 못하고 북망산으로 끌려 갑니다. 이런 경우 사람들은 고인이 평안히 떠났다고 말합니다.

마귀들과 싸울 수 있는 것은 천사들입니다. 인간 중에서는 전투 장비를 갖춘 그리스도의 군사들에게만 마귀와 싸울 수 있는 능력이 있습니다. 예수 그리스도께서는 이미 2천 년 전에 마귀들의 왕 사탄과의 싸움에서 이기셨습니다. 그 누구도 건드릴 수 없던 난공불락 '사망'의 성을 무너뜨리셨습니다.

예수 그리스도의 군사로 자원하세요.

싸움

싸움 잘 하세요?

태권도, 합기도, 유도, 레슬링, 권투, 킥복싱, 무에타이, 가라데, …

현대 이스라엘 군대는 전 세계 무술들을 한데 모은 뛰어난 실전 무술을 만들었는데, 이 무술에서는 무술의 테크닉보다 전투에 임하는 강한 전투사의 마음 태세를 강조합니다.

모세라는 전설적인 싸움의 달인이 있었습니다. 하나님의 전투사 모세는 고대 이집트의 왕 바로를 상대로 결투를 신청했습니다. 결론을 말하면 모세는 바로를 완전히 묵사발을 만들었습니다.

모세의 싸움은 바로와 싸운 것 같으나 실상은 바로 뒤에 서 있는 사탄과의 싸움이었습니다. 모세의 뒤에는 하나님이 계셨습니다. 사탄을 넉넉히 이길 수 있는 분은 하나님이십니다.

소년이 사자개를 앞 세우고 걸어 갑니다. 건장한 양아치가 치와와를 앞 세우고 걸어 옵니다. 이 둘이 외나무 다리에서 만났습니다. 누가 먼저 외나무 다리를 건너겠습니까? 사자개를 가진 소년입니다.

싸움의 승리는 하나님께 있습니다.

감옥

하늘의 재판정에서 죄 목록이 낭독되기 시작합니다. 이제 죽음의 판결을 기다리는 것만 남았습니다. 이 때 천국의 변호사가 재판관 앞으로 나아 갑니다. 그리고 나의 무죄를 변호합니다. 변호사의 탄원은 받아 들여졌고 나는 모든 죄에서 무죄 선고를 받습니다.

성경은 우리가 죄의 포로가 되어 있다고 알려주고 있습니다. 우리들은 세상이라는 감옥에서 범죄자로 갇혀 살고 있습니다. 이 죄의 감옥에서 사면 받는 방법이 있다는 사실을 알고 계신지요? 무죄 판결을 끌어 낼 수 있는 변호사를 선임하면 됩니다.

천국 국선 변호사의 변론 요지는 아주 간단합니다. "피고는 자신의 모든 죄를 본인 입으로 재판정에 **서기 전**에 자백했고, 이 사실을 본 변호인은 공인된 변호인의 신분으로 법적 절차에 따라 사면 공증을 했고, 피고의 이름은 천국의 생명책에 등재되어 있습니다."

사탄이 하는 일은 사면 사실을 감추는 것입니다. 거짓 서류들을 만들어 세상 구석구석에 뿌려 놓았고, 어찌해서든 관선 변호사의 존재를 숨기려고 모든 방법을 총동원 해 왔습니다. 사탄은 인간을 향하여 새빨간 거짓말을 합니다. '너는 사형이다!'라고.

천국의 관선 변호사 '예수'를 찾으세요!

삶의 중심

당신의 삶의 중심에 무엇이 있나요?

모든 것에는 중심이 있습니다. 지구는 태양을 중심으로 움직이고 있으며 지금까지 한 번도 태양을 벗어나지 않았습니다. 너무 작아서 아무 것도 모를 것 같은 원자도 원자핵을 중심으로 회전합니다.

태아는 가정의 중심이 됩니다. 아이가 자라면 가정의 중심에 아빠가 있다는 것을 알게 되고, 아이는 성장하면서 모든 조직에 중심이 있다는 것을 알게 되며 그 안에서 살아가는 법을 배우게 됩니다.

이 세상을 이끌어 가는 중심은 무엇일까요? '욕망'입니다. 포장만 다를 뿐 뜯어 보면 그 안에는 욕망이 도사리고 있습니다. 인간의 삶은 욕망을 중심으로 쉼 없이 회전합니다. 남들보다 조금 더 빨리 회전하면 세상에서는 성공했다고 평가 해 줍니다.

욕망을 채우면서 하루 하루 살다 보면 죄의 소용돌이에 빠지게 됩니다. 이 소용돌이의 중심에는 검은 구멍이 있는데, 한 번 빠지면 누구도 빠져 나올 수 없는 깊고 깊은 사망입니다. 사망의 밑바닥 중심을 내려다 보니 사탄이 똬리를 틀고 앉아 있습니다.

삶의 중심에 하나님의 말씀을 놓으세요.

쓰레기 수거일

오늘은 쓰레기 수거일입니다.

"말쎄여, 말쎄랑께!..."

인류 대대로 내려오는 말입니다. 아버지는 당신의 아버지께서 이 말씀을 하시는 것을 보았고, 할아버지는 당신의 아버지께서 이 말씀을 하시는 것을 들으셨고, 증조 할아버지는 당신의 아버지께서 이 말씀을 하시는 것을 목격했고, ...

육의 인간은 별의별 짓을 다 합니다. 별의별 짓들이 가득한 쓰레기 같은 이 세상은 정해진 수거일이 되면 수거 되어지고 소각됩니다. 우리의 육신이 세상을 쫓으면 육신이 소각될 때 육신과 함께 영혼도 불 속으로 들어가게 됩니다. 당신의 영혼이 토해 내는 탄식 소리가 들리지 않나요?

예수님은 쓰레기 더미 속에서 더러워진 우리를 분리 수거 해 주시어 씻어 주시고, 우리의 영을 강건하게 해 주십니다. 영혼이 강건해지면 육의 소욕은 힘을 잃어 버리고 영의 지배를 받게 됩니다. 이제, 더 이상 쓰레기 더미에 파묻혀 있을 이유가 없습니다.

쓰레기 더미 속에서 나오세요.

파수꾼

교회에는 파수꾼이 필요합니다.

기도하는 사람은 성을 지키는 파수꾼입니다. 마귀가 어떻게 공격하려고 하는지, 어디로 들어오려 하는지, 무엇을 들고 덤비려 하는지, 언제 쯤 공격을 개시할 지, 눈을 똑바로 뜨고 성을 지키는 것은 파수꾼이 해야 할 일입니다.

문제는 마귀가 무슨 탈을 쓰고 있는지, 마귀가 어디에 서식하는지, 마귀의 출몰 시간이 언제인지, 마귀가 어떤 유통 경로로 들락거리는지, 마귀가 무엇을 선호하고 있는지를 모른다는 것입니다.

레이다는 모든 전투 장비의 기본입니다. 레이다가 무너지면 향방을 잃고 헤메이다가 침몰됩니다. 목회자와 중직자들은 하나님과의 교신이 중단되지 않도록 항상 깨어 기도해야 합니다. 항상 깨어 기도해야 합니다.

묵상기도 말고 통성기도를 해야 합니다. *

* 하나님께서는 애통해 하는 울부짖음에 귀를 기울이십니다. 그리고 행동하십니다.

특공대

사탄은 궁핍으로 마중 나옵니다.

지금, 세상은 사탄과 아주 친숙하게 교제하고 있습니다. 세상이 사탄의 손아귀 안에 들어가 있는 것이지요. 문제는 사람들이 그 속에서 나오려 하지 않는다는 것입니다. 뿌연 안개 속에서 이리 저리 헤메이면서 그 속에서 행복을 찾을 수 있다고 우겨댑니다. 이들이 이따금 행복을 만나기는 하는데, 그것도 이미 부패하고 있는 중이어서 탈이 생깁니다. 이 세상은 궁핍 그 자체입니다.

전도자는 세상을 쥐고 있는 사탄의 발톱을 풀어 제치고 안개 속에서 헤매고 있는 하나님의 자녀들을 구해내는 특공대 대원들입니다. 그런데 요즈음의 특공대원들은 사탄과 싸울 힘도 없고, 사탄이 어떻게 공격해 오는지 조차 모르고, 같은 군인들끼리 아웅다웅 싸우고 있습니다. 궁핍한 세상 속에서 사탄과 싸우다 보니 자신도 모르는 사이에 궁핍한 심령이 되어 버렸네요.

하나님은 풍요로우신 분이십니다.

개인주의

개인주의는 오늘날의 대세입니다.

자녀에게 어려움이 닥치면 모든 부모들은 예외 없이 자신이 잘못한 것이 있는지 되돌아 보게 됩니다. 부모들의 이 세상에서의 삶이 자녀들에게 저주 또는 축복으로 연결된다는 것을 본능적으로 알고 있는 것입니다.

성경에서는 호칭에 누구의 아들이라고 꼭 밝힙니다. 예수님도 목수 요셉의 아들이었습니다. 성경에서는 가정과 가문에 대한 언급이 꼭 있습니다. 마태복음 1장은 예수님의 가정 족보입니다.

'너와 네 집이 구원을 받으리라' 입니다. 하나님께서 가장 기뻐하시는 것이지만, 오늘의 교회에서는 가족이 함께 모여 예배를 드리는 모습을 보기 어렵습니다.

천국 입성은 개별적인 자격 요건 심사를 거치게 되지만, 천국에 가는 노정은 가정과 교회 구성원들이 서로 격려하고 도와 주면서 함께 가는 길입니다. 기쁨을 나누는 곳이 천국이고, 고통을 나누지 못하는 곳이 지옥입니다. 혼자 가지 마세요.

개인주의는 사탄의 메인 전략입니다.

거울아

" 거울아, 거울아, 이 세상에서 누가 제일 예쁘니 ? "

지하 층 음습한 방에서 짙은 보라색 망토를 입은 여인이 거울을 향하여 질문을 합니다. 거울에 6G 기능이 있는지, 거울에서 음성이 들려옵니다. "여왕님이 세상에서 가장 아름다와요, 백설공주만 빼고요." 여왕의 얼굴은 질투로 인하여 짙은 보랏빛이 됩니다. 여왕은 문을 걸어 잠그고 혼자만 아는 레시피로 무언가를 만듭니다. 역겨운 냄새와 연기가 가득한 방을 나오는 여왕의 손에는 독이 든 사과가 있었습니다. 백설공주는 독사과를 먹고 쓰러졌습니다. 몇년 후, 백설공주는 백마를 타고 온 왕자님의 도움으로 잠에서 깨어나 오래오래 행복하게 살았답니다.

사탄은 하나님의 자리를 차지하려고 반역을 선동한 천사입니다. 사탄은 높아지려고 하는 자이고, 높아질 수 있다면 무슨 짓이든 가리지 않고 할 수 있는 자입니다. 사탄은 자기 때가 얼마 남지 않았고, 조만간 백마를 탄 새로운 통치자 예수 그리스도가 이 세상에 오실 것을 알고 있습니다. 그리스도에게 모든 권세를 빼앗길 것을 생각하니 사탄의 얼굴은 짙은 보라색으로 변합니다. 질투로 가득한 사탄은 예수 그리스도께 십자가 처형이라는 독사과를 먹였습니다. 사망의 잠에 빠졌지만 예수님은 3일 후 잠에서 깨어나 부활하셨습니다.

부활하신 예수님께서 백마를 타고 이 세상에 다시 오십니다.

분별

혼탁한 세상입니다.

말세가 되면 세상이 흉흉해지고 혼탁해집니다. 뒤죽박죽이 된 세상에서는 분별력이 절실해 집니다. 안타까운 것은, 세상과 구별되어야 할 교회들이 하나님의 선하신 뜻을 분별하지 못한다는 것입니다.

분별하지 못하는 자는 사탄에게 속임 당하게 됩니다. 분별하지 못하는 자가 열심을 내면 열심을 낸 만큼 하나님과 멀어지게 됩니다. 조금을 걷더라도 분별케 하시는 성령께 발걸음을 맞추어야 합니다.

하나님께서는 회개하는 자들에게 성령을 보내 주시고, 각자에게 적합한 은사가 성령을 통하여 나타나게 됩니다. 말세의 끝자락인 현대를 살고 있는 크리스천들에게 분별의 은사가 절실합니다.

나뭇잎이 흔들리는 방향을 보고 바람의 움직임을 알 수 있듯이, 분별력이 있으면 마귀의 움직임을 알고 싸울 수 있습니다. 마귀가 언제 어디서 칼을 들고 나를 찌르려고 덤벼들지 모르면 백전백패입니다.

거짓을 분별하세요.

왜곡

왜곡은 사탄이 즐기는 단어입니다.

12가지 사실 중에서 한 가지 사실만을 강조하면서 메세지를 전하는 것이 왜곡입니다. 뽀빠이 같이 한 편 팔이 너무 크면 비정상이라고 합니다. 왜곡은 비정상적인 행태입니다. 당연히 사탄으로부터 유래된 것입니다.

사탄은 타당성이 있어 보이는 한 가지 사실을 합리적인 방법으로 제시합니다. 때로는 사탄이 사용하는 그 한 가지 사실이 사실은 사실이 아닐 때가 대부분입니다. 사탄의 모든 것은 거짓 투성입니다.

하나님께서는 한 가지를 전달하실 때 12가지 이상의 사실을 우리에게 제시해 주십니다. 사방팔방, 위 아래로 두루 알려 주시면서 바른 길을 갈 수 있도록 하십니다. 예수님께서 그리스도임을 증명하는 사실은 12 의 12 갑절을 훌쩍 넘습니다.

하나님은 온전하시고 풍성하십니다.

욕심

신앙적인 욕심이 있나요?

오래 전, 도심 외곽에서 살던 때의 일입니다. 1 에이커가 되는 넓은 뒷마당이 있어서 방범 목적으로 진돗개 부부를 데려 왔습니다. 잡종 진돗개가 일곱 마리의 새끼를 낳았습니다. 어느 날 강아지 사료가 틀어져서 사료 알갱이들이 세멘트 바닥 위에 수북히 쌓이게 되었습니다. 새끼 강아지들이 모여 들기 시작했는데, 갑자기 한 강아지가 먹이더미로 올라가더니 사지를 쭉 뻗어 먹이를 다 차지하겠다고 으르렁거렸습니다.

독식은 욕심입니다. 교회 안에도 욕심 많은 강아지 처럼 독식을 하려는 사람이 있습니다. 혼자서 봉사를 다 해야 합니다. 그렇지 않으면 탈이 납니다. 욕심으로 하는 것이지만, 교인이 욕심을 부리는 티를 내면 안되니까 엄청 헌신하는 것이라고 포장합니다. 겉으로는 하나님의 일을 하고 있는 것처럼 보이는데, 안으로는 욕심의 열기가 너무 뜨겁습니다. 하나님께서는 포장지를 보시지 않으십니다. 하나님께서는 알맹이에만 관심이 있으십니다.

욕심 많은 사탄은 하나님의 자리까지도 차지하려 했습니다.

신앙적인 욕심도 욕심입니다.

그림자

세상은 '잘 못' 되어 가고 있습니다.

세상에서는 많은 그릇된 일들이 일어나고 있습니다. 우리는 그릇된 일들을 바로 잡아 세상을 바꿔 보려합니다. 될까요? 안 됩니다.

세상을 바로 잡기 전에 알아야 하는 것이 있습니다.

크리스천이 변하면 세상이 바뀐다는 것입니다. 조심스럽게 살펴 보세요. 교회에서 이루어지는 일을 세상이 그대로 답습하고 있다는 것을 발견할 것입니다. 놀라울 정도로 세상은 교회의 그림자인 것을 인정할 수 밖에 없게 됩니다.

하극상이 빈번해진 대한민국 사회를 보면서 교회를 살펴봅니다. 당회장 목사님을 쫓아내는 일이 전혀 생소하지 않습니다. 하극상은 사탄이 했던 일 아닌가요?

교인들은 입으로만 '빛과 소금' 이라고 웅얼거리는 것 같습니다.

크리스천들이 '하 기 나 름' 입니다.

48

밧줄

세상의 엘리트들은 지식에 매달려 삽니다. 엘리트보다 안목이 높다
는 현인들은 지혜를 붙들고 삽니다. 일반인에 비해 탁월해 보이는
이들이 꼭 부여 잡고 있는 지식과 지혜라는 줄의 반대편 끝은 무엇
에 연결되어 있을까요? 나락으로 떨어지는 인간들이 이것 저것 잡
아보지만 세상의 모든 줄은 마귀들이 던져 놓은 허공에 떠다니는 밧
줄일 뿐입니다.
줄을 잡았을 때 팽팽해지는 탄력을 느끼면서 추락하는 나를 멈추어
주는 밧줄이 있습니다. 예수 그리스도께서는 천국의 일곱 촛대 사이
로 다니시면서 구원의 밧줄을 세상으로 던져주고 계십니다.

가상현실

구글의 히트 상품 중에 실제 현실에서 몬스터를 잡는 게임이 있었습
니다. 많은 돈을 투자하면서 몬스터 잡는 것을 게임처럼 할 필요가
있을까요? 살아 움직이는 진짜 몬스터가 이 세상에 지천으로 깔려
있다는 것을 사람들은 모르고 있습니다. 가상 현실 게임 좋아하는
사람들은 모두 교회로 오세요 ~. 교회에서 삼 천 종이 넘는 몬스터
잡는 방법을 알려 드립니다.

설마

각색되고, 변질되고, 변색되고, 변조되고, 복사되고, 왜곡되고, 위조되고, 이탈되고, 일탈되고, 탈색되고, 호도되고, 희석되고, 말라가고, 죽어가고, 유리하고, 탈선하고, 퇴화하고, 비틀거리고, 절뚝거리고, 가치 없고, 소용 없고, 쓸데 없고, 필요 없고, 힘이 없고, 등 등 등... 사탄은 성경 말씀을 이렇게 만들려고 발악을 하고 있습니다.

검은 고양이 네로

현관 문을 열고 밖에 나오니 잔디밭에 검은 덩어리가 보입니다. 가까이 가 보니 검은 고양이의 잘린 머리입니다. 그 곁에는 살이 발린 고양이의 껍질들이 어지럽게 널려 있습니다. 검은 고양이가 무언가 더 힘 센 짐승에게 잡혀 먹힌 현장이었습니다. 마귀들은 구원받지 못한 영혼 하나를 끌고 가는데 성공하면 동물의 찢긴 시체를 그 집 앞에 던져 놓는다고 합니다. '잘 봐둬'하면서 믿는 자의 가정을 조롱 협박하는 것입니다.

마귀들은 인간의 영혼을 찢어 발기려고 울부짖으며 세상을 휩쓸고 다니고 있습니다. 세상이 이런 줄 모르고 가볍게 살지 말고 하나님만 섬겨야 합니다.

다 된 밥에 재 뿌리기

다 된 밥에 재를 뿌리면 어떻게 될까?

가마 솥 뚜껑을 열자 구수한 냄새와 함께 따스한 김이 얼굴을 감싸 줍니다. 장작불로 만든 밥이어서인지 밥 냄새가 너무 구수합니다. 잠시 부엌을 비웁니다. 부엌으로 돌아와 공기에 밥을 담을 준비를 합니다. 누가 그랬을까요? 흰 쌀밥에는 재가 뿌려져 있습니다.

사탄의 전술전략 중에 대표적인 것이 0.1% 전략입니다. 0.1%를 적당한 때에 투여하면 **99.9%** 를 지배할 수 있다는 전략입니다. 사탄이 사용하는 이 0.1% 는 아마존 개구리의 독보다도 치명적입니다.

신앙생활에서 0.1% 로 파고 들어오는 사탄의 전술을 알고 계시나요? 999 항목들을 마음껏 하도록 놔뒀다가 마지막 1개 항목을 인정사정 없이 제거해서 일을 망치는 것입니다. 다 된 밥에 재를 뿌리는 것이라고 하면 쉽게 이해가 될까요?

기존의 개신교들도 0.1% 의 독에 감염 되어 종교통합의 시커먼 터널 속으로 들어가고 있습니다. 예수님께서 '다 이루었다!' 하셨는데, 여기에 감히 재를 뿌리는 것입니다.

다 된 밥에 재를 뿌릴 이유가 있나요!

사육장

아직도 예수 그리스도 밖에 있나요?

세상에는 참으로 많은 진리와 지혜와 지식이 있습니다. 철학도 있고 사상도 있습니다. 세상 사람들은 스스로 안다고 자처하면서 인생을 설계합니다. 더 나아가 제자들이라는 자신의 대량 복제판들을 만들려고 열심입니다. 어리석은 사람들입니다. 마귀들이 잡아 먹기에 딱 적당하도록 살이 붙은 먹이들입니다.

자유, 진보, 평등, 정의, 중도, 관용, 공존, 포용, 사랑, 평화, ... 무언가 진리인 듯 보이는 단어들을 나열하지만 무엇을 말해도 세상은 달라지지 않습니다. 세상은 그저 넓은 사육장입니다. 세상 사람들은 사육장 안에 갇힌 마귀들의 식사 재료들입니다. 사육장인 줄 모르고 즐거이 뛰어 다닙니다.

지금, 예수 그리스도께로 돌아 오세요!

귀향

이 세상을 떠나면 어디로 가야 할까요? 많은 종교들이 이 질문에 아주 무책임하게 답변을 합니다. 너무 욕심이 많았으니 돼지로 태어나게 되지 않을까? 혹시, 몇 겁 지나면 로또 보다도 확률이 낮아 보이기는 하지만 성불을 할 수도 있지 않을까? 천국이나 지옥도 유효 기간이 있지 않겠나? 더 지독한 답변은, 죽으면 그것으로 끝이니 아무 걱정 말라는 것입니다. 사후세계는 이런 곳이 아닙니다.

이제, 자욱한 검은 안개 속에서 눈을 떠야 합니다. 이 세상에서 영원히 살 수는 없습니다. 이 세상은 각자의 고향에 돌아가기 위해 잠시 대기하는 곳입니다. 두 개의 엘리베이터가 귀향을 위해 대기하고 있습니다. 하나는 지옥 파킹장으로 내려가는 엘리베이터이고, 다른 하나는 옥상의 헬기장으로 올라가는 엘리베이터입니다. 많은 사람들이 내려가는 엘리베이터 앞에 몰려 있습니다.

가정에는 쉼, 평안함, 기쁨, 보람, 웃음, 위로가 있습니다. 그러기에 일터에서 고된 하루 일과를 마치면 옆도 보지 않고 빠른 발걸음으로 서둘러 집으로 향합니다. 가정이 있는 사람은 고된 일과 중에서도 행복합니다. 천국에 소망이 있는 크리스천은 이 땅에서 고된 인생을 살아도 행복합니다.

우리들의 본향은 천국입니다.

예수

예수라는 이름

내가 예수님이라는 단어를 들은 것은 초등학교 시절 몇 년 동안이었습니다. 그 이후로는 학교와 세상 일에 바쁘게 사느라 예수라는 단어는 머릿 속 한쪽 구석에 방치되어 있었습니다.

중고등학교, 대학교, 군대, 대학원, 이 모든 과정을 지나는 동안에도 예수는 내게 아무런 의미 없는 단어였습니다. 그저 서양의 한 낯선 성인에 지나지 않았습니다.

어느 날 한 여인이 나에게 예수라는 단어를 말할 때 그 단어는 비로서 의미 있는 단어가 되어 내게 다가오기 시작 했습니다. 초등학교 시절의 그 예수를 상기시켜 주기 시작했습니다.

다시 만난 예수라는 단어는 나의 생활 속으로 조금씩 조금씩 밀치고 들어 오기 시작했습니다. 종국에는, 이제까지 배운 모든 단어들을 제치고 가장 의미 있는 단어로 자리매김을 했습니다.

예수라는 이름은 누군가 들어야 할 절박한 이름입니다. 아직 예수의 이름을 듣지 못해 곤고한 영혼들에게, 예수 그리스도를 전하는 일은 반드시 해야 할 크리스천의 사명입니다

복음

복음이 도대체 무엇인가요?

첫째, 죄와 저주에서 나오는 길이 있다.
둘째, 예수 그리스도가 바로 그 길이다.
셋째, 구원의 길은 나에게도 열려 있다.

이 세 가지 사실들이 당신의 마음 속에서 살아 움직이고 있나요?

성경공부, 교회행사, 제자훈련을 하는데도 이 복음이 나의 마음에 실감되지 않고 있습니까? 그렇다면 다른 것들보다 우선 예수 그리스도께서 내 마음을 주관하시기를 하나님께 간구해야 합니다. 그리스도를 통하여 성령께서 내 안에 오시면 예수가 그리스도이시며 나의 구원자이심이 저절로 믿어지게 됩니다.

예수 그리스도는 복음입니다.

* 예수가 그리스도이시며 나의 구원자 되신다는 사실은 믿으려고 해서 믿어지는 것이 아니고 저절로 믿어지는 것입니다. 믿음은 하나님께서 선물로 주시는 것이지 내 의지로 만들어 내는 것이 아닙니다. 나의 의지를 내려 놓고 하나님께서 주시는 믿음을 구하세요.

은혜

은혜를 사모하시나요?

대한민국에 복음이 전해져 평양이 동방의 예루살렘이라고 불릴 정도로 부흥의 물결이 전국을 휩쓸고 있을 때, 많은 사람들이 은혜를 체험하게 되었습니다. 절정을 달리던 부흥의 물결이 서서히 식어지면서 강력한 은혜의 말씀을 만나는 것은 점점 어려워지게 됩니다.

어느 연로하신 권사님은 과거에 경험했던 말씀의 은혜를 남은 생애 내내 그리워하고 있었습니다. 안타깝지만 권사님의 바램을 충족시켜 줄 만한 말씀이 증거되는 곳은 찾기 어려웠습니다. 논리 적으로 완벽해 보이는 말씀은 만날 수 있지만 권사님이 소망하는 것은 그런 것이 아니었습니다.

어떻게 해야 하나요?

하나님께서는 두 가지 경로로 은혜를 주십니다. 하나는 하늘에서 내려 오는 말씀을 통한 것이고, 다른 하나는 하나님 사역에 동참하여 하나님께 올려 드리는 것입니다. 이 둘은 방향이 달라 보일 뿐 하나의 통로이며 결국에는 모두 하늘로 향하게 됩니다.

은혜가 임하는 통로로 들어 가세요.

운명

운명에 매여 사나요?

인간은 DNA RNA 복합체가 아닙니다. 육체, 정신, 그리고 영혼이 복합적으로 구성되어 있고, 질서정연한 시스템들이 유기적으로 작동하면서 생명체로 성장해 나갑니다. 이 시스테믹한 하나의 생명체를 인간이라고 부릅니다.

한 개인을 작동시키는 이 비밀스런 내부 시스템을 사람들은 '운명'이라 불러 왔습니다. 사람들은 운명을 바꾸어 보려고 애를 썼지만 번번히 실패를 했습니다. 시스템을 바꾸어야 운명이 바뀐다는 사실은 알았지만 '어떻게' 바꾸어야 하는지를 몰랐습니다.

시스템 중에 가장 강력한 체계를 가진 시스템은 '죄와 사망'이라는 시스템이었습니다. 지금까지 어느 누구도 이 시스템을 제어할 수 있는 대체 시스템을 만들지 못했습니다. 그 결과로 모든 사람들은 '죄'와 '사망'이라는 운명에서 벗어날 수 없었습니다.

혹시, 2,000년 전에 '보혈과 성령'이라는 시스템이 출고된 사실을 알고 계신지요? 지금 바로 이 시스템을 설치하세요.

그러면 운명이 바뀝니다. 아니, 그래야 운명이 바뀝니다.

중보자

예수님은 중보자이십니다.

좋은 중개인은 쌍방의 요구 조건을 잘 파악하여 쌍방에게 최대한 만족을 주는 거래를 성사시켜 줍니다. 반면 나쁜 중개인은 거래를 망쳐 놓습니다.

에덴동산을 모르는 사람은 없습니다. 이곳에서 하나님과 인간 사이에 조건부 거래가 있었는데, 아담과 하와의 조건 불이행으로 인하여 계약이 파기되었습니다.

많은 사람들이 하나님과 인간 사이의 중개인이 되려고 했지만 모두 자격 미달이었습니다. 오랜 시간이 지난 후 하나님과 인간 사이에 자격 요건을 갖춘 중개인이 나타나 거래를 성사 시켰습니다.

이 중개인이 예수 그리스도입니다. 그리스도(영)께서 예수(육)가 되시어 영이신 하나님과 육의 인간을 연결시켜 놓으셨습니다. 예수 그리스도를 통하여 하나님을 만날 수 있습니다.

예수님만 중보자 * 되십니다.

인간은 누구를 위해 중보를 할 수 없습니다. 인간은 다만 '...을(를)_ 위하여 기도' 를 할 수 있는데, 이런 경우 '도고' 라는 단어를 사용합니다.

고문

고문 당해 보셨나요?

한국전쟁 당시, 한 한국군 장교가 인민군들에게 포로로 잡혔습니다. 지하실 의자에 묶인 채로 매를 맞기 시작했습니다. 어차피 죽여버 릴 포로였기에 인민군들은 닥치는대로 주먹질을 하였습니다.

고문을 당하는 한국군 장교가 할 수 있는 일이라곤 예수님을 간절히 부르며 다가 올 죽음을 기다리는 것 뿐이었습니다. 잠시 후, 매를 맞 는 군인에게 예수님의 목소리가 들렸습니다.

"매는 네가 맞고 고통은 내가 느낀다."

이 목소리가 들린 뒤로, 매 맞는 소리만 '퍽 퍽 퍽' 들릴 뿐 고통은 느껴지지 않았습니다. 그리고 마음에는 평안과 기쁨이 넘쳐나고 있 었습니다. 기적적으로 고문실에서 탈출한 한국군 장교는 후일 목회 자가 되어 12개의 교회를 세우고 예수님의 품으로 가셨습니다.

"사는 것이 너무 힘듭니다. 우연히 뒤를 돌아 보게 되었는데, 발자국이 찍혀 있습니다. 자세히 보 니 나의 발자국이 아니었습니다. 좀 더 자세히 보니 예수님의 발자국이었습니다. 인생의 어려운 시기에 나는 예수님의 등에 업혀 있었던 것이었습니다." 많이 들어 본 내용 아닌가요? 예수님의 등에 업혀 보세요.

예수님의 발자국이 보이시나요?

61

매너리즘

매너리즘에 푹 빠져 있나요?

예술가들에게 독초같은 것이 있습니다. 매너리즘입니다. 새로운 것을 찾아야 할 예술가가 지금까지 해 오던 것을 계속 반복한다면 그는 예술가라기 보다는 기술자라고 해야 합니다.

예술가는 매너리즘의 사슬을 끊고 탈출하는 작업을 끊임 없이 지속합니다. 역량 있는 예술가는 피카소처럼 자신의 작품 세계를 스스로 부수어 가는 작업을 멈추지 않습니다.

인간은 예외 없이 매너리즘이라는 사슬에 잡혀 살아갑니다. 인간을 묶고 있는 가장 큰 매너리즘은 죄성인데, 이 죄의 사슬은 이 세상 그 무엇으로도 끊을 수 없었습니다. 인류 역사 어느 곳에서도 죄의 사슬이 끊어졌다는 기록은 없습니다. 다만, 2,000 년 전에 이스라엘 예루살렘이라는 곳에서 이 죄의 사슬이 끊어지는 사건이 발생하였습니다.

예수 그리스도의 뜨거운 피가 내 안에 들어 올 때 죄의 사슬이 녹아 버리고 나는 자유로운 크리스천이 됩니다.

예수를 부인하는 것이 매너리즘입니다.

예수님 만나기

하나님을 만나 보셨나요?

하나님의 백성들이 하나님과 교제하기 위해서는 죄를 씻어내야 했는데 그 방법은 피를 뿌리는 것이었습니다. 그래서 일 년에 한 번 대제사장이 염소나 송아지의 피를 가지고 지성소에 들어가서 피를 뿌렸습니다.

어느 날, 예수라는 한 인간이 하나님의 부르심을 따라 이 지성소에 들어 갔습니다. 인간 예수는 손에 염소나 송아지의 피를 들고 있지 않았습니다. 예수는 자신의 육신을 채찍과 칼로 찢는 자들에게 맡기시고, 하나님 앞에 피를 뿌렸습니다.

희생제물 인간 예수의 육신에서 흘러 나온 붉고 따스한 피는 시대와 공간을 넘어서 모든 죄를 씻어 줍니다. 이 피를 힘 입는 사람들만 새로운 피조물이 되어 예수 그리스도와 동행하게 됩니다. 그리고, 하나님을 만날 수 있습니다.

먼저, 예수님을 만나세요!

정로환

정로환을 권해 드립니다.

나는 낯설은 지역으로 갈 때 '정로환' 을 챙겨 갑니다. 이 약은 대한 민국에서 오랜 동안 애용되어 온 명약입니다. 명약은 오랜 세월에 걸쳐 많은 명의들의 임상 검증을 통해 만들어집니다.

풀뿌리 하나가 아무리 몸에 좋아도 명약은 될 수 없습니다.

영혼에 생기는 문제에도 명약과 명의가 필요합니다. 영혼을 위한 약들은 이미 오래 전 부터 판매되어 왔는데, 절, 성당, 신전, 사당, 홀, 굿판 같은 자칭 영혼 전문 병원들도 성업중입니다.

조심하세요. 세상에서 판매하고 있는 약들은 부작용이 많고 후유증이 아주 심해서 복용하지 않는 것이 백번 좋습니다. 심지어 이들 의사들은 자신들이 갖고 있는 병의 원인 조차도 모릅니다.

이 세상에 살고 있는 모든 사람들은 육신적으로 그리고 영적으로 시한부 선고를 받은 말기 중증 환자들입니다. 아직 진료 예약을 하지 않았다면 서둘러 예약을 하고 의사 예수를 만나야 합니다.

말씀이 명약이고 예수님이 명의이십니다.

죽음이 두려운 자

죽음이 두려우신가요?

죽음은 이 세상과 다가 올 세상 사이에 있는 아주 짧은 순간 존재하는 중간 지대입니다. 이 중간 지점이 의미심장한 것은 이 곳이 절대적인 갈림길이기 때문입니다.

죽음을 앞에 둔 사람은 누구든 무덤덤할 수 없습니다. 그 곳에 들어가면 무엇을 마주치게 될 지 모르기에 착잡하고 두렵습니다. 무엇보다 이 세상을 떠난다는 것이 사무치도록 아쉽습니다.

죽은 후에 죽음을 이기고 살아 나왔다는 말은 들어 본 일이 없습니다. 한 번 들어가면 다시는 나올 수 없는 곳이기에, 그 곳에 관한 무책임한 추측만 무성할 뿐 검증된 사실이 없습니다.

2,000 년 전에 그 곳에 다녀 온 사람이 있었습니다. '예수'라는 이름을 가진 사람이 그 곳에 가서 죽음을 살해하고 살아서 돌아 왔습니다. 그 무용담이 성경에 담겨 있습니다.

그 예수님을 따르는 자들에게 죽음은 천국의 입구일 뿐입니다.

예수님만 따라 가세요!

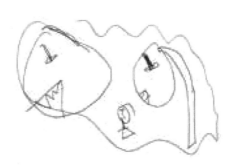

쉼

삶이 힘 드세요?

세상을 살면서 절실히 느끼게 되는 것은 산다는 것이 너무나도 힘들 때가 많다는 것입니다. 이 세상은 쉴 곳이 없는 야생의 생존 현장 입니다.

인생에서 성공한 것 같지만 한 순간도 쉬지 못하고 힘들게 살아 온 사람들이 많습니다. 인생에서 성공하지 못했으면서 한 순간도 쉬지 못하고 힘들게 살아 온 사람들도 많습니다. 인생의 성공 여부에 관계 없이 사람들은 쉬지 못하고 힘들게 살아가고 있습니다.

이 세상에서 살아가는데 필요한 모든 것들이 풍성해도 마음 깊은 곳에 자리한 불안감은 떨구어 버릴 수 없습니다. 죽음 뒤의 세계에 대한 해답이 없으면 불안감은 사라지지 않습니다.

하나님께서는 쉼에 대해 명확한 답을 주셨습니다. 삶의 현장에서 혼자의 힘으로 헤쳐 나가지 말고 예수 그리스도 안으로 들어 가라는 것입니다. 나의 모든 것을 멈추고 안식의 주인이신 예수님께 의뢰하는 것이 참으로 쉬는 것입니다.

멈추고 쉬세요!

변명

변명은 구차한 것입니다.

나의 잘못이 지적받을 때 수긍하지 않고 내 주장을 하는 것이 변명입니다. 실책을 지적받을 때에는 변명하기 보다 실책을 인정해야 합니다. 변명하기로 하면 세상에 죄인 될 사람은 하나도 없습니다.

아담과 하와가 에덴동산에서 쫓겨나기 직전에 했던 것이 변명입니다. 하나님께서는 이들의 변명을 들으셨지만 덮어 두지 않으시고 징계를 내리셨습니다.

변명을 하기 시작하면 진솔한 신앙인의 길로 들어 갈 수가 없게 됩니다. 솔직하게 나의 잘못을 시인하고 하나님을 의지하는 것이 신앙인의 기본 자세입니다.

변명은 거짓의 씨앗이어서 오래지 않아 거짓말이라는 싹이 나오게 됩니다. 변명의 배후에는 거짓말의 원조인 사탄이 자리 잡고 앉아 있습니다. 사탄에게 속임당한 아담은 변명으로 곤란한 상황에서 벗어나 보려고 했지만 그것은 바른 길이 아니었습니다.

아담의 전철을 밟지맙시다.

실수

참으로 어처구니 없는 실수를 했나요?

실수를 하면 법적으로 문제가 되지 않을지라도 과오로 남아 인격 또는 능력의 크레딧에 손상이 가해집니다. 살다보면 실수는 필수항목인데 저질러진 실수를 어떻게 처리해야 할까요?

잘못을 시인하고 용서를 구해 보세요.

성경을 보면 하나님은 철저하게 공의로우신 분이십니다. 하나님의 공의 앞에서 실수는 반드시 상응하는 처벌을 받아야 합니다. 예외는 존재하지 않습니다. 어떻게 해야 할까요?

잘못을 시인하고 용서를 구해 보세요.

회개가 하나님 앞에 접수 되면 하나님의 공의는 곧 바로 하나님의 등 뒤로 이동을 하게 됩니다. 그리고 공의가 있던 자리에 하나님의 사랑이 등장하게 됩니다. 하나님의 사랑은 인간의 모든 잘못을 없던 것으로 처리해 주십니다.

70×7 까지도 회개하면 됩니다.

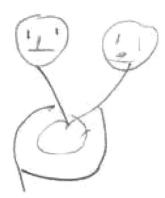

회개

왜 회개를 해야 할까요?

회개란 하나님 앞에서 내가 죄인임을 자백하는 것입니다. 죄인임을 자백하는 상태가 되면 나의 자아는 물러나고 마음 중심에 하나님께서 좌정하시게 됩니다.

자, 이제 죄를 자백하였으니 회개가 마무리 되었을까요?

죄의 자백은 회개의 도입 단계입니다. 다음 단계는 죄에서 자유로워지는 것입니다. 이제까지 나를 속박하던 분노, 미움, 욕심, 정욕, 교만, 원망, 불신앙, ... 들을 더 이상 하지 않는 것입니다.

회개의 최종 단계는 열매를 맺는 것입니다. 사랑, 희락, 화평, 인내, 자비, 양선, 충성, 온유, 절제의 열매가 맺어져야 합니다. 회개는 죽음을 맞이하는 순간까지 해야 하는 것입니다.

단번구속을 되뇌이면서 회개의 도입 단계에 언제까지 머물러 있으려하나요? 어린 아기처럼 모유만 먹지 말고, 자기 십자가를 지고 예수님을 따르면서 회개의 열매를 맺으세요.

회개를 안 할 이유가 있나요?

울먹임 그리고 죄사함

어린 자녀가 잘못 했다고 부모님 앞에서 울먹입니다.
어린 자녀의 잘못은 용서 받았습니다.

이제, 이 깨끗해진 공간을 무엇으로 채워야 할까요?

아이러니

아이러니한 사건 하나를 소개합니다.

천지를 창조하신 하나님께서는 일곱 째 날에 안식하셨습니다. 하나님께서는 인간들에게 안식일을 주시면서 안식하라고 하셨습니다.

어느 날, 안식일을 지키기 위해서 예수님을 당일치기로 죽여 버리는 기막힌 사건이 발생했습니다. 안식일을 주신 예수님의 뺨을 후려치고, 침을 뱉고, 손가락질을 하고, 모욕을 주고, 채찔질로 등가죽을 찢어 버리고, 가시로 찌르고, 결국에는 피를 말리는 고통을 주면서 죽이고, 마지막으로는 효시까지 했습니다.

유대의 종교 지도자들이 알고 있는 하나님은 양피지 속의 거룩한 하나님이었습니다. 이들의 하나님은 인간의 생활 속에서 살아 움직이시는 천박한 하나님 일 수가 없었습니다.

이 기막힌 성경 속의 아이러니를 보면서, 내 생활 속에 가득한 악한 아이러니들을 발견하게 되었습니다. 나는 너무나 기막히도록 아이러니하게 살아 가고 있었습니다. 바리새인은 성경 속의 인물이 아니었습니다. 나의 모습이었습니다.

생활을 떠난 신앙은 아이러니입니다.

힘

힘 좀 쓰시나요?

근육의 힘, 돈의 힘, 권력의 힘, 명예의 힘, 지식의 힘, 도덕의 힘, ...
세상에는 많은 힘들이 있습니다.

어린 아이가 애를 쓰다가 손을 멈추고 곁에 있는 아빠를 바라 봅니다.
아빠는 허리를 굽혀 아이를 도와 줍니다. 아이가 갖고 있는 힘 중에
서 가장 강한 힘은 아빠의 사랑입니다.

마귀들의 우두머리인 사탄의 강력한 힘은 사망입니다. 그 어느 인간
도 사탄을 당해내지 못하고 사망의 노예가 되어야 했습니다.

인간을 대신해서 패권자 사탄에게 도전장을 낸 천국의 장사가 하나
있었는데 그 이름이 예수입니다. 사망을 이기고 천하장사가 된 예수
그리스도의 힘의 원천은 무엇이었을까요? '사랑' 입니다.

하나님의 사랑은 그리스도로 흐르고, 그리스도의 사랑은 하나님의
자녀들에게 흐르고, 자녀들의 사랑은 잃어버린 양들에게로 흐르고,
돌아 온 양들은 사랑의 하나님께 영광을 돌립니다.

사랑하세요.

소유

무엇을 소유하고 계신가요?

가진 것이 너무 없다고 불평을 하시나요. 지금 현재 당신이 소유하고 있는 것들을 기록해 보세요. 잘 살펴보면 필요 없는 것까지도 소유하고 있을 정도로 많은 것들을 소유하고 있었음을 알게 됩니다.

우리의 소유욕은 물질에서 끝나지 않습니다. 눈에 보이지 않는 것들도 소유하고 싶어합니다. 그리고 존재하지 않는 것 까지도 소유하고 싶어 합니다. 아니, 소유 그 자체를 소유하고 싶어합니다.

모든 소유는 이 세상을 떠날 때 계약 기간 만료로 자동 반환 됩니다.

천국에 있는 것들은 시한부가 아니고 영원히 나의 것입니다. 이런 연고로 천국에서 필요한 것들을 이 땅에 사는 동안 미리 마련해 놓아야 합니다. 잠깐만, 그 전에 꼭 확인해야 하는 것이 있었네요!

죄사함 증서를 갖고 있어야 천국 관문을 통과할 수 있다는 것 알고 있나요? 증서는 구두로 개별 신청하면, 천국에서 승인 심사를 해서, 예수 그리스도의 직인이 찍혀, 성령으로 발송됩니다.

죄사함을 소유해야 합니다.

각인

너무 더워서 더위를 먹었습니다.

나는 몸 상태가 좋지 않을 때는 따뜻한 쌀물을 먹습니다. 쌀밥에 뜨거운 물을 붓고 수저로 몇 번 휘저은 뒤 쌀과 물을 먹습니다. 그러면 기력이 회복되며, 특히 더위를 먹었을 때 효과가 있습니다.

나는 어린 시절 양가 할머니들의 사랑을 듬뿍 받으면서 자랐습니다. 어릴 때 메인 메뉴는 할머니들 입에서 적당히 씹혀 나온 촉촉한 쌀밥이었습니다. 내 몸은 촉촉한 쌀밥을 기억하고 있습니다.

인간의 영혼에는 창조주 하나님이 각인되어 있습니다. 이런 연고로 죄를 범하여 하나님과 분리가 되었을지라도 영혼은 하나님을 기억하고 하나님께로 다시 돌아가려는 영적 회귀 본능이 있습니다.

아담의 후손들, 즉 모든 인류에게는 죄성이 문신되어 있습니다. 이 문신을 가지고는 하나님께로 돌아갈 수 없습니다. 불신자 자신은 의식하지 못하지만 그 불신자의 영혼은 지옥으로 가게 될 자신의 미래를 알기에 탄식을 합니다. 허탈하다고요? 육으로 나타나는 그 허탈감이 바로 영혼의 탄식 소리입니다.

예수님의 피로 죄의 문신을 지우세요.

보물섬

보물섬을 찾아 노를 저어 볼까요?

금은보화가 무더기로 쌓여 있다는 보물섬이 있기는 할까요? 현대인들은 해적들의 보물섬 지도에는 관심이 없습니다. 대신 '재테크'라는 현대판 보물섬 지도를 가지고 보물섬으로 항해합니다.

보물섬을 찾아 떼지어 몰려 가는 배와 전혀 다른 방향으로 세차게 달려가는 배가 있습니다. 이 배의 선원들은 배에서 무언가를 자꾸 바다에 던져 버립니다. 이 배의 이름은 생명선입니다.

생명선은 그리스도를 향해 지점으로 설정해 놓고 달려갑니다. 전 속력으로 달리기 위해 가지고 있는 모든 것들을 버리고 있습니다. 돈, 학식, 인격, 신분, 자존심, 자아, 가치관, 그리고 종교 까지도 쓰레기처럼 버립니다.

그리스도를 발견한 사람은 이제까지의 모든 것을 기꺼이 포기할 수 있게 됩니다. 말세에 사람들이 돈을 사랑하는 것과는 달리 예수를 그리스도로 영접한 크리스천은 절대 가치인 예수 그리스도를 쫓아 가게 됩니다.

예수 그리스도는 감추인 보화입니다.

결승점

지금 어느 곳을 향해 달려가고 있나요?

어린 아이는 팔을 벌리고 있는 아빠를 확인하면 주저 없이 아빠를 향해 달려갑니다. 하나님께서는 이 어린 아이 같은 믿음을 기대하시고 팔을 벌려 우리를 기다리십니다.

하나님께서는 막무가내로 우리를 부르시지 않습니다. 항상 믿을 수 있는 충분한 증거를 보여 주시면서 당신에게 달려 오기를 기다려 주십니다.

예수님께서도 막무가내로 당신을 따르라고 하지 않으셨습니다. 당신이 선지자이신 증거를 충분히 보여 주시고, 나중에는 못자국까지 보여 주시면서, 믿음 없이 쭈뼛거리지 말라고 하셨습니다.

부인할 수 없는 증거를 보고 예수가 그리스도이심을 믿는 믿음이 생기기 시작하면, 그리스도를 절대 가치로 삼고, 그리스도께 의뢰하는 신앙 생활을 시작할 수 있게 되며, 예수 그리스도가 삶의 결승점이 됩니다.

결승점에서 예수 그리스도를 만나세요.

말씀

불가사의

이 세상에는 참으로 불가사의한 일들이 많습니다.

이집트 벽화에는 전기를 사용하는 모습이 등장하고, 마야 제국의 벽화를 보면 우주선에 앉아 있는 모습이 새겨져 있습니다. 이런 고대 유적들을 제시하면서 우주인의 존재를 주장하는 사람들도 있습니다. 이들이 볼 때 에스겔이 본 환상은 UFO의 근접 촬영입니다.

어릴 때 정기 구독하던 소년중앙에 특집으로 많이 등장하던 제목 중 하나가 '세계 7대 불가사의'입니다. 이 곳에 이집트의 피라미드는 단골 손님처럼 빠지지 않고 항상 등장했습니다.

하나님께서는 이 불가사의한 건축물 피라미드에 대해서 일절 언급이 없으십니다. 이 건축물을 만든 천재 건축가의 업적에 대해서도 아예 관심 밖이십니다.

하나님께서는 피라미드가 건축되던 시대에 살았던 정말 보잘 것 없는 두 산파들을 눈여겨 보시고 그 이름을 성경에 기록하셨습니다. 왕의 명령보다 하나님을 두려워하여 모세를 구출한 두 산파였습니다. 부아와 십부라입니다.

성경 안에는 참으로 불가사의한 사람들이 많습니다.

묵상

염려와 근심으로 하루를 시작하시나요?

그리스도의 피로 축복받은 오늘을 염려와 근심으로 시작해서야
되겠습니까? 오늘이라는 하루는 기쁘고 복된 날이어야 합니다.

말처럼 쉬운 일이 아니라고요?
말씀으로 방파제를 만드세요.

말씀을 읽으며 묵상하는 것은 세상이라는 거센 물살 속으로 바위
를 던져 넣는 것처럼 무익해 보이지만, 시간이 지나면서 바위들이
물 속에 쌓이기 시작하고 때가 되면 물 표면으로 바위가 드러나기
시작합니다.

방파제는 마귀들이 일으키는 모든 염려와 근심의 파도를 막아줍
니다. 말씀 묵상은 성경암송이나 성경일독이나 성경필사와는 다
른 것입니다. 절박한 마음으로 말씀을 읽고 또 읽고 또 읽어서 마
음에 새겨지도록 해야 합니다.

말씀 묵상으로 방파제를 만드세요.

여의주

여의주가 숨겨져 있는 곳을 아시나요?

사람들은 이 세상에서 자신의 뜻을 이루어 보려고 무진 애를 씁니다.
이 세상이 여의주라고 생각하고 있는 것이죠. 이 거대한 여의주를
누가 사납게 돌리고 있는지 아시는지요?

거대한 용 한마리가 날카로운 발톱으로 여의주를 꽉 쥐고 돌리고 있
습니다. 용 주위에는 이무기들이 새까맣게 둘러싸고 있네요. 봉황
은 그 주위를 빙빙 돌며 망을 보고 있고요.

세상 사람들은 이 거대한 혼돈의 여의주 위에서 이리저리, 여기저기,
이사람저사람 부딪혀 가면서 어지러워 하고 있습니다. 안타깝게도
이 세상은 여의주가 아닙니다.

의인의 간구는 이루어집니다. 의인의 소원이 성취되도록 이루어 주
시는 분은 하나님이십니다. 여호와 하나님이야말로 나의 소원을 이
루어 주실 수 있는 분이십니다.

여의주가 어디에 있는지 이제 찾으셨나요?

벽

벽이 가로막고 있나요?

고호는 생애 말년 작품으로 '까마귀가 나는 밀밭' 을 음울한 색조로 그렸는데, 자신이 그린 그 밀밭 속으로 걸어 들어 가 머리에 총을 쏴 자살을 했습니다. 까마귀가 나는 밀밭 그림은 지금도 파리의 고호 미술관 벽에 전시되고 있습니다.

'면벽전', 아주 오래 전 어느 지방 화랑에서 열렸던 개인 전람회의 타이틀입니다. 이 작가가 바라보는 벽은 공간을 막아주는 고정된 벽이 아니었습니다. 막힌 벽이 있다는 것은, 벽 뒷쪽 저 편에 다른 공간이 있음을 암시해 주는 것이라고 보았습니다.

작가는 관람자들이 갖고 있는 기존 관념들을 깨뜨리는데 도움이 될 만한 충격적인 개념 작품들을 벽에 전시했습니다. 작가는 관람자들의 '관념의 벽' 을 무너뜨리고 있었습니다.

단단한 벽처럼 내 인생을 꽉 막고 있는 것들이 있나요? 이 벽 위에 하나님의 말씀을 놓아 보세요. 새로운 공간이 열립니다. 하나님의 말씀은 새로운 인생으로 인도하여 주는 최상의 예술품입니다.

벽은 벽이 아닙니다.

먹을만한 것

먹는 것 좋아하세요?

내 막내 딸에겐 망고 알레르기가 있어서 향기 좋은 망고를 먹지 못합니다. 나도 못 먹는 것들이 있습니다. 콩국수, 우유, 굼벵이, 생사탕, 보신탕, 사슴 피, … 이 중에는 먹어서는 안 될 것들도 있네요.

영혼의 양식도 아무 것이나 먹어서는 안 됩니다. 교회의 각 지체에 필요한 양분이, 필요한 때에, 필요한 양 만큼 공급 되어야 교인들이 강건해 집니다.

모든 말씀이 다 하나님께서 나에게 주시는 영혼의 양식은 아닙니다. 어떤 경우에는 나에게 독초가 될 수도 있습니다. 내 교회 목사님은 '회개하라' 는 말씀을 전하고 있는데, 옆 교회의 '기뻐하라' 는 말씀을 듣고 기뻐해서야 되겠습니까?

말씀이 달고 시원하다는 말을 많이 합니다. 한 가지 우려 되는 것이 있습니다. 혹시 그 달고 시원하다는 것이, 설탕이 섞이고 방금 냉장고에서 나온 청량음료는 아닌지요? 말씀은 꿀송이처럼 달고 생수처럼 시원해야 합니다.

바른 식사를 해야 합니다.

미슐렝 목사님

맛 집 좋아하세요?

예수님께서는 물과 피를 다 빼낸 후 3일 동안 자신을 농축 숙성시키어 말씀이 되셨습니다. 이 말씀을 꺼내 주방에서 조리하여 주일 식사로 내 놓는 요리사가 목회자입니다. 주일 설교 시간은 영혼의 식사 시간입니다.

당신 교회의 목사님은 미슐렝 목사님이신가요?

CD를 듣는다고요? 음식은 먹어야지 귀로 듣는 것은 무의미합니다. 하루 세 번 말씀을 읽는다고요? 그러면 구원의 지혜와 지식은 더할 수 있겠지만 영혼의 양식은 아닙니다. 하나님께서 주시는 말씀을 메신저가 받아 증거할 때 영혼의 양식이 됩니다.

교인들이 말씀을 잘 먹어야 그리스도의 몸이 강건해집니다. 오늘날의 메시지는 인공 감미료와 설탕을 과다하게 넣습니다. 무엇보다도 원재료가 신선하지 못하고, GMO 이고, 할랄이고, 심하면 정크 후드를 영혼의 식사로 제공하고 있습니다.

교회에서 만찬을 즐기세요!

어두육미

어두육미인가요?

서양에서는 머리 부분을 미련 없이 잘라 버리지만 생선국을 즐겨 먹는 동양권에서는 절대로 생선의 머리 부분을 버리지 않습니다. 어떤 동남아시아 국가에서는 몸통은 버리고 머리 부분만 팔기도 합니다.

성경 말씀에도 잘라 버려야 할 부분이 있을까요?

성경은 버릴 부분이 없습니다. 하나님께서 주신 것 중에 필요 없는 것이 과연 있을 수 있나요? 맹장이 필요 없다고 떼어 내던 우매한 의사들이 있었던 시대가 오래지 않은 과거입니다. 똑 같은 일들을 오늘의 크리스천들이 하고 있는 것은 아니겠지요?

유의 하십시오!!!

성경 말씀의 한 부분을 필요 없다고 버리다보면 자칫하면 성령을 훼방하는 무서운 죄를 짓는 자리에 설 수도 있다는 사실을 절대 잊어서는 안됩니다. 성령을 훼방하는 죄는 그 무엇으로도 사함 받을 수 없다고 성경에서는 엄한 어조로 경고하고 있습니다.

하나님 말씀을 생선 대가리에 비교하겠습니까!

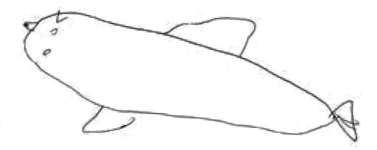

그래도 사랑

'사랑'이라는 단어 좋아하세요?

음식은 항상 맛 있는 것이 아닙니다. 눈총을 받으면서 음식을 먹으면 밥 알이 모래알 같다는 말이 무슨 뜻인지 알게 됩니다. 그리고 어머니께서 차려주신 밥상이 사랑이라는 것을 알게 됩니다.

말씀은 사랑이 가득한 영혼의 음식입니다.

수시로 죄에 빠지는 자신의 모습을 보면서 예수님 곁에 서 있기를 민망해 하나요? 그래서 예수님과 거리를 두고 있나요? 이런 모습은 지극히 양심적이고, 신앙적이고, 바른 것 처럼 보입니다.

아닙니다. 나약함으로 인해 역설적으로 예수님을 더 의지해야 합니다. 나의 나약함을 이미 다 아시고 계신 예수님께서는 우리들이 당신의 손을 잡아주기를 기다리고 계십니다. 나의 연약함을 핑계로 예수님의 손을 잡지 않는 것은 교만입니다.

어린 아이는 자신의 연약함을 잘 알기에 엄마의 손을 놓치지 않으려고 결사적입니다. 엄마는 아이의 손을 꼭 잡아 줍니다.

예수님께서 우리에게 말씀이 되어 오신 것은 사랑입니다.

지느러미

물고기의 지느러미 하나를 잘라 버렸습니다.

물고기는 어떻게 되었을까요? 물고기는 죽지 않고 살아 있었습니다.
헤엄도 잘 치고, 먹이도 잘 먹고, 숨도 잘 쉬고 있었습니다. 그런데
유심히 살펴보니 몸통을 움직이는 모습이 이전 처럼 자연스럽지 않
았습니다.

물고기의 지느러미는 꼭 필요한 곳에 위치해 있으며 고유의 기능을
갖고 있습니다. 아무리 작아도 지느러미를 자르면 안됩니다. 모든
지느러미가 각기 위치한 곳에서 온전히 움직일 때 물고기는 헤엄을
칠 수 있게 됩니다.

'예수가 그리스도이다' 라는 말씀이 소중한 것처럼 성경의 모든 말
씀은 성령의 감화감동으로 씌여진 소중한 것입니다. 말씀은 어느 귀
절 하나 예외 없이 온전하게 받아들이고 전해야 합니다. 말씀을 희
석시키고, 변질시키고, 잘라버리는 일을 멈추어야 합니다.

아프리카의 한 국가 보건성에서 에이즈 치료약을 희석해서 공급한
일이 있었습니다. 무슨 사태가 벌어졌을까요?

말씀은 어느 것 하나 잘라버릴 것이 없습니다.

원조 평양냉면

원조 평양냉면을 드셔 보셨나요?

원조 평양냉면은 추운 겨울에 뜨거운 방바닥에 앉아 먹는 것입니다. 먼저, 삶은 올가닉 돼지고기를 푸짐하게 먹습니다. 그리고 난 후 살 얼음이 떠 있는 물냉면을 먹습니다. 면을 기계틀로 빼내고 나면 틀 밑에 반죽 덩어리가 남게 되는데 이것을 후식으로 먹고 나면 원조 평양냉면 식사는 끝이 납니다.

무더운 여름에, 냉방이 잘 된 식당 의자에 앉아, 적당히 쫄깃거리게 만든 면발에, MSG 가 듬뿍 녹아 있는 살얼음 물을 붓고, 얇은 돼지 고기와 삶은 계란 반 쪽, 그리고 얇은 배 한 조각을 얹어 놓는, 비릿한 평양냉면은 고유의 맛을 잃어버린 현대판 평양냉면입니다. 한 겨울의 별미였던 평양냉면은 시대가 변하니 한 여름의 별미가 되었습니다.

복음에도 변질되지 않은 원조복음이 있습니다. 복음이면 다 같은 복음이지 그런게 어디 있냐고요? 예수 그리스도를 빙자한 거짓 복음들은 세상 구석 구석에 널리 퍼져 있습니다. 본래 잡초가 더 왕성하게 번식하는 법입니다.

온전한 복음의 말씀을 먹어야 합니다.

달리기 트랙

인생은 트랙 달리기입니다.

예수님을 그리스도로 영접하고 입으로 시인하면 구원의 결승점에 도달한 줄로 생각하나요? 예수님을 그리스도로 영접하는 것은 구원여정의 시작입니다. 출발을 알리는 신호탄이 울려 퍼졌으니 이제 결승점을 향해 달려야 할 일만 남았습니다.

트랙에서는 진풍경이 벌어지고 있습니다. 출발은 모두들 힘차게 했는데 잠시 시간이 흐르니, 트랙에 앉아 담소하는 선수, 달리다 말고 잠시 화장실에 다녀오는 선수, 발을 걸어 상대방을 넘어 뜨리려는 선수, 전동 스케이트 보드를 타는 선수, 무슨 이유에선지 주먹다짐을 하고 있는 선수들, 가지가지 일들이 벌어집니다. 그러면서도 이들은 자신들이 트랙 안에 있으니 경기 참여 중이라고 항변을 합니다.

성경에는 구원의 트랙에서 달리기에 참여하고 있는 선수들의 모습이 담겨 있습니다. 성경에서 달리기의 규칙을 찾을 수 있고, 롤 모델이 되는 우승자들과 안타깝게 실격된 선수들을 만날 수 있습니다. 달리기의 첫 출발 속도를 기억하시나요? 그 속력으로 달려야 우승자가 될 수 있습니다.

신앙은 달리기 경주입니다.

허블 망원경

무엇을 알고 있나요?

이 세상을 살면서 우리들이 보고 만나는 모든 것은 내 마음이 향해 있는 방향에 있는 것들입니다. 만일 내 마음이 다른 방향으로 향해 있었다면 나는 전혀 다른 것들을 보면서, 전혀 다른 인생을 살고 있을 것입니다.

허블 망원경으로 모든 우주를 한 번에 다 볼 수 없는 것처럼, 짧은 인생을 딱 한 번 사는 인간이 무엇을 안다고 말 할 수 없습니다.

사랑이라는 주제로 성경을 읽으면 성경은 사랑으로 가득한 책이 되지만, 심판이라는 주제로 성경을 읽으면 성경은 심판의 책이 됩니다. 우주보다도 넓은 성경은, 망원경을 들이대는 사람의 마음에 그대로 반응하면서 원하는 것을 보여 줍니다.

무엇을 많이 안다고 생각하시나요? 많이 알아서 더 이상 별 배울 것이 없다고 생각하는 자들에게, 성경은 저들이 원하는대로 적은 것을 보여 줍니다. 마음이 겸비하여 밑바닥으로 내려가 있는 사람은 성경의 밑바닥에 숨겨져 있는 심오한 것을 볼 수 있습니다.

바로 알아야 합니다!

가분수

머리 크기가 신체의 다른 부위에 비해 유난히 크면 균형이 잡히지

않은 육체적인 가분수가 됩니다. 머릿 속에 많은 지식이

들어 있으나 감성과 의지가 약하면 정신적 가분수가

됩니다. 하나님의 말씀이 마음으로 내려가지

못하고 지식으로 머리에 쌓이게 되면

성경 지식만 가득 찬 지적 종교

인이 됩니다. 아는 것은

많으나 영적으로

무기력한

가

분수인가요?

진보와 보수

진보적인 신앙인들의 특성을 아시나요?

타인의 오류는 지적하지만, 자신의 오류에는 무지합니다.
회복시키는 일에 무지하고, 무너뜨리는 일에 능숙합니다.
진보적이고 진취적이라고 하지만, 다분히 반항적입니다.
근거 있는 주장을 하지만, 변론을 위한 변론일 뿐입니다.
포용을 위해 도약하지만, 포용하지 못하고 독단적입니다.
신앙을 위해서라지만, 신앙 밖으로 까지도 뛰쳐 나갑니다.

그래서,

진보적인 신앙인들은 본래 있어야 할 자리를 떠난 사람들입니다. 자신의 자리를 버리고 예수님을 죽여버린 이 사람들을 성경에서는 바리새인 또는 사두개인이라 부릅니다.

현대에 이르러서는 예수 그리스도를 버리고 종교 통합으로 달려가는 부류들을 진보라고 부릅니다. 오직 예수만이 구세주라고 말하면서 모든 종교에 구원이 있다고 식언을 하는 사람들입니다. 아직도 진보적이고 싶으신가요?

성경 말씀에 충실한 보수가 되어야 합니다.

기준

인간은 기준을 만들었습니다.

인간은 욕망을 충족시키기 위해 물불을 가리지 않고 사방천지 뛰어다닙니다. 종교를 갖게 되면 욕망을 내려 놓고 교리를 높이 매달아 놓습니다.

욕망과 교리는 서로 우위를 차지하려고 마음이라는 경기장에서 엎치락 뒤치락 합니다. 이 마음 속의 분쟁을 종식시키기 위해 욕망과 교리는 중간 지점에서 만나 적당히 타협을 합니다. 그리고 '도덕'이라는 협상안을 만들고 그 테두리 안에서 살아 갑니다.

제한된 테두리 안에서 서로 부딪히면서 살다보니, '니가 옳다, 내가 옳다' 하면서 다시 분쟁이 생기게 됩니다. 그래서 인간은 또 다른 타협점을 만들게 됩니다. 서로의 다른 생각을 인정하는 것입니다.

인간의 기준은 성경의 권위를 짓밟아 버리려는 사탄의 술책일 뿐입니다. 성경이 모든 것을 구분하는 기준입니다. 옳고 그름, 좋고 나쁨, 합당함과 부당함, 적합과 부적합, 거짓과 진실 등 모든 것을 규정하는 기준이 성경에 있습니다. 인간의 기준이라는 것은 성경의 권위를 짓밟아 버리려는 사탄의 술책입니다.

성경이 절대적인 기준입니다.

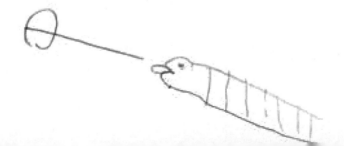

중도

중도를 취하시나요?

마귀들은 하나님의 절대적 가치 기준을 무너뜨리기 위해, 합리적인 중도를 이 세상에 퍼뜨려 왔습니다. 미국의 모든 교육기관은 중립, 중용, 공평, 평등, 동등, 균등, 공정을 주장하는 포스트 모더니스트들이 장악을 했고, 이들은 학교라는 공작소에서 새끼 포스트 모더니스트들을 찍어내고 있습니다.

이제 승기를 잡은 포스트 모더니즘은 뉴에이지와 함께 시너지 효과를 일으키면서, 전 세계 모든 분야의 사람들의 감성과 이성을 완전히 장악했습니다. 이제, 남은 것은 크리스천들과 유대인들입니다.

사탄이 중도를 내세우는 것은 하나님의 절대성을 무너 뜨리려는 전략입니다. 하나님과 세상을 함께 놓고 그 안에서 중도를 취하는 것은 영적 간음입니다.

예수님께서는 이러한 세태가 올 것을 아시고 '믿음을 보겠느냐' 라고 하셨습니다. '믿는 자를 보겠느냐' 라고 하신 것이 아니고 '믿음을 보겠느냐' 라고 하셨습니다. 보기 어렵다는 말입니다.

참 믿음을 취하세요.

마음과 말씀

잘 씹힌 음식물이 위와 장으로 들어와 소화액과 섞이는 것처럼, 말씀이 마음에서 감화감동으로 잘 섞이면, 영의 양식이 됩니다.

얼마 동안 시간이 흐르면, 영에서 싹이 나서 마음으로 올라 옵니다. 어린 싹은 점점 자라기 시작하더니 싱그런 녹색 잎으로 마음 속을 가득 채우게 됩니다.

얼마나 지났을까, 싱그러운 녹색 잎 사이로 작은 꽃 봉우리들이 보이더니 마음을 아름다운 꽃으로 가득 채웁니다. 화사하게 만발한 가지들은 세상으로 뻗쳐 나갑니다.

세상에 드러난 꽃들은 서서히 퇴색되더니 하나 둘 떨어집니다. 꽃이 시들어 버린 아쉬움이 있었지만, 잠시 후 꽃이 떨어진 자리에 열매가 맺히더니 탐스럽게 익어갑니다. 말씀이 심령으로 내려가면 세상에서 열매로 드러납니다. 하나님께서는 천국이라는 창고에 그 열매를 보관 하십니다.

말씀을 들을 수 있는 귀가 있어야 합니다.

말씀과 마음

말씀이 마음 속에 도착하는데 걸리는 시간은?

마음으로 이르는 통로에 세상적인 장애물이 가시덤불 같이 많으면 도착 시간이 더디어지고 심한 경우에는 불통 상태가 됩니다.

말씀을 머릿 속에 차곡 차곡 잘 정리하는 사람들도 있는데, 이들의 마음은 돌짝처럼 무감각합니다.

말씀을 건성으로 듣고 길 가에 팽개치는 화인 맞은 마음도 있는데, 이들에게 말씀은 돼지 앞에 놓인 진주에 지나지 않습니다.

말씀이 들어 오면 곧 바로 마음으로 받아 들이는 인침 받은 마음이 있습니다. 소자의 마음입니다.

말씀이 마음에 심겨지려면 먼저 마음이라는 밭을 갈아 엎는 과정을 거쳐야 합니다. 어떻게? 회개하는 것입니다. 회개는 세상 염려라는 가시덤불을, 자갈 같은 강한 자기 주장을, 말씀을 대적하는 불신앙을, 갈아 엎어 말씀을 꼭 품을 수 있는 온유한 심령으로 만들어 줍니다.

말씀이 성장할 수 있는 마음 밭을 만드세요!

말씀이 먼저

은사를 받으셨나요?

한 집사가 방언을 하게 되었습니다. 방언이 처음 터졌을 때의 기쁨을 만끽한 이후로 열심으로 방언을 하였습니다. 시간이 흘러, 나름대로 방언을 유창하게 한다고 느낀 집사는 방언의 은사에 대해 자부심을 갖기 시작 했습니다.

자부심이 커지면 자만심이 된다는 것을 모르고 있던 때문일까, 집사는 방언을 하지 못하는 사람들을 내려다 보면서 '방언 하세요?' 라고 물었습니다. 어느 날, 방언과 방언 통역과 예언과 영분별을 하시는 목사님이 이 집사에게 질문을 던졌습니다. "방언 통역을 해 드릴까요?" 방언 밖에 모르던 집사는 묵묵부답이 되었습니다.

방언으로 교만한 마음에 까지 이르렀던 집사에게 일침을 가해 준 신앙의 선배가 있어서 다행이었지만, 은사로 인하여 교만해지면 교회를 어지럽게 됩니다. 예언, 영분별, 물질, 가르침, 말씀, 다스림, 보살핌, 치유, … 무슨 은사를 받았건 나대면 안됩니다.

신앙 생활에서 엉뚱한 것에 집착하면 하나님과 멀어지게 됩니다.

말씀이 먼저입니다.

중요한 것

하나님의 메시지를 전하시나요?

어느 주일, 목사님 한 분이 주일 설교를 위해 초청되어 오셨습니다. 목사님의 설교는 흠 잡을 곳 없이 논리적이었습니다. 너무나 논리적이어서 그랬을까요. 목사님의 메세지는 예배 참석자들의 마음을 전혀 두드리지 못했습니다.

그런데,

목사님의 메시지가 힘차게 두드리고 있는 마음이 있었습니다.

당회장 목사님이 세상을 떠나시고 난 후 사모의 말과 행동이 교회에 심각한 위화감을 조성하고 있었습니다. 하나님 보시기에 사모의 행동이 도를 넘어 선 것이었을까요? 목사님의 메세지는 기막힐 정도로 교인들만 알고 있는 사모의 모든 사생활과 잘못을 나열하고 있었습니다. 강사 목사님은 모르고 있었지만, 성령께서는 목사님의 입술을 잡아 사모의 마음을 두드리고 있었습니다. 하나님의 메세지는 전하는 것이 아닙니다.

메시지는 전달 되어지는 것입니다.

힘 없는 말씀

말씀이 힘을 잃어버리게 되는 이유를 아시나요?

내 느낌과 생각을 하나님의 말씀에 섞어 전하는 메신저가 있습니다. 문제는, 내 생각을 섞어 전하면서도 스스로는 하나님의 말씀을 온전히 전하고 있다고 착각한다는 것입니다.

1948년 대한민국이 건국되기 이전, 일제식민지 시대에 많은 전도자들이 있었습니다. 무학의 전도자들이 무식한 말투로 말씀을 전하는데도 놀라운 회개 운동과 전도 역사가 일어났습니다. 무식하지만 내 생각과 감정을 버릴 줄 알았던 전도자들이 있었습니다.

모든 것이 핍절한 식민지 시절이었기에 영혼의 양식을 애타게 갈망하고 있었고, 하나님께서는 처절하게 무너진 심령의 간구하심에 응답하여 풍성한 영혼의 양식으로 채워주셨습니다. 무식하지만 내 생각과 감정을 버릴 줄 알았던 교인들이 있었습니다.

말세가 되면 인간이 '자고하고 자긍하게' 됩니다. 교회도 예외는 아닙니다. 겸손하게 말씀을 전해야 할 자들과 받을 자들이 사라졌으니, 말씀이 힘을 잃어 버리고 말씀의 기갈 시대로 접어들게 되는 겁니다.

나의 생각과 느낌이 죽으면 말씀이 힘차게 살아 납니다.

맑은 물

하나님의 말씀은 천국의 생명수입니다.

이 맑은 물은 하나님께로 부터 흘러 내리기 시작해서, 하나님의 자녀들에게 흘러 들어가며, 때가 되어 가득 차면 주위로 흘러 넘칩니다.

생수가 넘치는 것을 전도라고 합니다.
넘쳐 흘러 시냇물이 되면 선교입니다.

넘치면 좋을텐데 사람들은 가두어 놓으려고 합니다. 가두어 놓으면 썩어 버립니다. 넘치도록 해야 흙탕물이 사라지고 맑은 물이 됩니다.

예수님은 자신의 생명까지도 나누셨습니다. 그런데 나는 자꾸만 나를 위해 무언가를 더 담아 놓으려 합니다. 이름도, 돈도, 힘도, 학식도, 자비도, 용서도, 미움도, 질투도, 사랑도, … 그리고, 예수님까지도 독차지하려 합니다.

예수님의 마음을 잡는 방법은 그런 것이 아닙니다. 천국에서 성도의 영광은 예수님 곁에 얼마나 가까이 있느냐는 것입니다. 예수님 곁에 가장 가까이 서 있는 성도는 생명 까지도 나눈 순교자들입니다.

맑은 물이 세상에 넘치도록 해야 합니다.

교회

행군

교회는 천국으로 돌진하는 군대입니다.

장교가 맨 앞에서 행군의 진로를 결정하는데 목회자랍니다. 장교는 성경이라는 지도와 기도라는 무전기를 가지고 무리를 인도합니다.

장교의 좌우에 둘러서서 사방을 경계하는 노련한 상사들이 있는데 장로들이랍니다.

장교의 뒤를 따라 일반 사병들이 완전무장을 한 채로 행군을 하는데 평신도랍니다.

이 전체 행렬을 빙 둘러싸며 사병들을 독려하는 하사관들이 있는데 권사와 집사랍니다.

천국가는 여정은 자기 자리를 지키면서 격전지를 향하여 행군하는 것입니다. 무리에서 뒤쳐지지 마세요. 적군의 포로가 됩니다.

집에서 혼자 예배를 드리신다고요? 글쎄요, 그리스도께서 교회의 머리라고 했는데, 머리 없이 천국에 들어갈 수 있을런지...

천국 가는 행렬에서 절대 탈영하지 마세요.

채찍

교회에서 일 많이 하세요?

세상살이에 지쳐서 교회로 들어가니 정말 좋습니다. 친절합니다. 이런 곳이 교회로구나 하는 생각이 듭니다. 정처 없는 인생의 닻을 이곳에 내리기로 하고 주일 예배에 참석하기 시작합니다.

' 좀 더 일찍 왔었더라면... ' 하는 아쉬움이 생깁니다.

설레임을 갖고 교회의 일에 참여합니다. 나름 보람을 느낍니다. 그런데, 시간이 지나면서 교회의 일들이 짐으로 느껴지게 됩니다. 그리고, 짐의 무게는 시간이 흐를수록 가중됩니다. 왜 그럴까요?

일을 해서 그렇습니다.

예수님께서는 자유를 주신다고 하셨습니다. 죄의 사슬에서 해방이 되었으니 자유를 누릴 수 있습니다. 하나님을 아버지라고 부를 수 있는 자유가 있습니다. 하나님을 기쁘시게 할 수 있다면 무엇이든 할 수 있는 자유도 있습니다. 쾌락과 근심 걱정에서도 자유롭습니다. 하여간에 모든 자유를 누릴 수 있는 곳이 교회입니다.

교회에서 자유를 누리세요!

만남의 광장

어떤 교회를 다녀야 할까요?

하나님과의 만남의 광장 에덴동산은 아담과 하와로 인하여 폐쇄 되었습니다. 이 후로 하나님께서는 다시 만남의 장소를 정하셨습니다. 이스라엘 골고다에 십자가를 세우시고, 이 십자가를 온 땅에 널리 퍼뜨리시어 만남의 광장으로 정하셨습니다.

교회입니다.

하나님과 만나기 전에 교회에서 하는 말들을 들어 보시죠.

"우리 교회는 현대식 건물이고, 교회 재정이 충분하고, 교회 유치원도 훌륭하고, 전도와 선교에도 열심이고, 목회자들의 학력과 경력은 신뢰할 수 있습니다. 우리 교회에서 하나님을 만나십시다!"

"저희 교회는 교회 건축을 해야 하고, 부족한 재정을 꾸려 나가야 하고, 주일학교도 운영해야 하고, 제자를 양육해야 하고, 교인들의 영성도 길러 주어야 합니다. 함께 교회를 세우지 않으시렵니까!"

만날까요, 아니면 세울까요?

등대

교회 건물을 꼭 세워야 할 이유가 있나요?

교회는 세금 면제 대상이어서 지방정부 세수에 전혀 보탬이 되지 않고 지역 경제 활성화에도 전혀 도움이 되지 못합니다. 물질만능의 세상에서 교회 신축은 달가운 일이 아닙니다.

교회 건축 부지 일부에 공원을 만들거나 부속 공간에 상가 건물을 만들어 분양하는 것이 실용적이지 않을까요? 한 주에 두세 번 있는 예배를 위해 큰 공간을 차지하는 건축물을 꼭 세워야만 하겠습니까?

예 !!!

교회는 세워야 합니다.

하나님께서는 세상에 빛을 비추시기를 원하시고 교회는 하나님께서 이 어두운 세상을 밝히시기 위해 사용하시는 등대입니다.

언제부터인가 미국과 대한민국의 교회 설립의 절차가 까다로워지기 시작했습니다. 그래도 교회는 세워야 하고, 세워져야 합니다.

교회를 세우지 말아야 할 이유가 있나요?

몸과 머리

모든 교회의 머리는 그리스도입니다.

교회에서 행해져야 할 일은 머리 되신 그리스도를 따라 그리스도의 지체인 교인들이 온전하게 성장하도록 하는 것입니다. 신체의 모든 부위가 상호작용을 하면서 정상적으로 성장해야 합니다.

교인이 교회를 떠난다는 것은 신체의 한 부분이 잘려 나가는 것입니다. 그렇다면 내가 교회를 떠난다는 것은 그리스도의 몸을 지체장애로 만드는 아주 악한 행위가 되나요?

그렇습니다.

다만, 그리스도의 몸이 아닌 교회라면, 머리의 뜻을 따르지 않는 교회라면, 하나님의 말씀을 무시하는 교회라면, 인권과 화합에 환장한 교회라면 어떻게 해야 하나요?

성경에는 고라 같은 인권 운동가들의 반항과 그들에 대한 하나님의 징계하심에 관한 기록들이 가득합니다. 목회자가 삐딱한 좌파 성향이라면 고라 같은 선동가가 되는 것은 조만간입니다.

예수 그리스도가 없으면 교회가 아닙니다.

물과 피

교회는 예수님의 피로 세워졌습니다.

예수님께서 십자가를 지시기 전날 밤 기도하시면서, 얼마나 눈물을 흘리셨던지 눈물이 다 말라 더 이상 나올 눈물이 없게 되었습니다. 잠시 후, 눈물이 마른 눈물샘에 붉은 핏방울이 고이기 시작했고, 예수님의 눈에서는 핏방울이 나오기 시작했습니다.

아무리 많은 벽돌, 모래, 시멘트가 있어도 섞어 줄 물이 없으면 건물이 지어질 수 없습니다. 마찬가지로 하나의 교회가 세워지기 위해서는 교회 성도들의 눈물이 섞여야 합니다.

깊은 회개의 눈물이 있어야 하고, 감사함의 눈물이 있어야 하고, 길 잃은 하나님의 자녀들을 위한 눈물이 있어야 합니다. 크리스천들이 흘리는 눈물은 허탄한 세상의 눈물과는 다릅니다.

크리스천들이 눈물을 다 쏟아 내면, 예수님께서는 그 눈물을 닦아 주시고, 당신의 뜨거운 피로 눈물이 말라버린 그 빈 곳을 채워 주십니다. 이런 성도들이 모인 곳이 그리스도의 피가 뜨겁게 살아 있는 교회인 것입니다.

그리스도의 뜨거운 피를 느끼시나요?

예수님
고맙습니다

스타벅스

스타벅스는 쉼터입니다.

강한 커피 향기가 잠시나마 쉼을 줍니다. 스타벅스 매장이 번창한다는 말은 많은 사람들이 쉼터를 찾고 있다는 반증입니다.

교회는 커피의 향기 대신 그리스도의 향기가 가득한 영혼의 쉼터입니다. 수 세기에 걸쳐 전 세계에 많은 교회들이 세워졌고, 악한 세상을 살아가는 많은 영혼들에게 쉼터가 되어 주었습니다. 지금은 전 세계에 400 만 개가 넘는 교회가 있습니다.

많은 교인들이 성경 안에서 믿음을 찾지 못하고 이 구절 저 구절로 날아 다닙니다. 그래서 그런가요, 교인들은 이 교회에서 저 교회로 철새처럼 날아 다닙니다. 이 교회 저 교회 기웃거리면 당분간은 쉼을 얻을 수 있겠지만 신앙의 성장은 진행되지 못합니다.

스타벅스와 달리 교회는 편한대로 들락거리는 곳이 아닙니다. 교회는 영적 쉼터이면서 동시에 영적 성장이 진행되는 곳입니다. 성장하려면 좋은 장소에 뿌리를 내려야 합니다. 크게 성장하려면 땅 속 깊숙이 뿌리를 내려야 합니다.

교회는 스타벅스가 아닙니다.

예비일

토요일은 쉬는 날입니다.

토요일이 끼여 있는 연휴에 놀러 갈 계획을 세우고 있나요? 그러면 주일에는 어디에서 예배를 드릴 것인지요? 남들은 교회에서 예배를 드리고 교제하고 있는데, 당신은 호텔에서 체크 아웃 하신다고요? 토요일은 주일을 위해 예비하는 날입니다.

크리스천이 토요일에 할 일들은 많습니다. 주일 날 입을 정장을 손질하고, 구두도 닦아 놓고, 헌금도 준비하고, 말씀을 전하실 목사님을 위한 기도를 해야 하고, 시험에 들은 것 같은 집사가 내일 교회에 나오도록 기도하고, 아무튼 준비할 것이 많습니다.

미국에는 아프리칸 아메리칸(흑인)들만 모여 예배를 드리는 교회가 많습니다. 예배에 참석하는 이들의 옷차림을 보면 예식장에 참석하는 하객들 같습니다. 남자들은 정장을 입고, 여자들은 화려한 원피스를 입습니다. 소년들도 화려한 넥타이를 맨 정장을 하고 옵니다.

주님을 사랑하시나요? 진정한 사랑은 행동으로 스스로를 증명합니다. 토요일은 밤 늦도록 드라마를 보는 날이 아닙니다.

주일을 바로 예비합시다.

주일

주일은 하나님께서 복 주시기로 한 날입니다.

허겁지겁 하지 말고 미리 와서 예배를 위해 기도하고 준비해야 합니다. 허둥지둥 지갑에서 돈을 꺼내 용돈 주듯 하지 말고 미리 헌금 봉투에 넣고 예배를 준비해야 합니다. 찬송을 통해서 진드기처럼 붙어 먹으려는 마귀들을 떨구어 내고 세상에 묶여 있던 마음을 하나님께로 돌려야 합니다.

예배를 통해 우리들이 하나님께 드리는 모든 것이 하나님께서 받으실만한 것이어야 하며, 하나님께서 우리들에게 주일에 주시는 모든 것들을 흡족히 받아야 합니다.

하나님께서 우리들에게 부어 주시는 주일의 풍성함은 평일로 넘쳐 흘러 한 주 전체가 주일의 은혜로 가득 채워집니다.

주일은 기뻐하는 날입니다.

주일을 귀하게 맞이합시다.

함께

교인들은 주일이 오면 이산 가족이 됩니다.

많은 교회들이 연령별 예배를 드리고 있습니다. 유아들은 요란스러
우니 유아실에 가두어 두고, 아이들은 소란스러워서 따로 모아 놓고,
청소년들과는 세대 차이가 있으니 동료 집단들끼리 모이게 해 주고,
청장년들에게도 그들만의 공간을 허락합니다.

모든 세대가 함께 공유할 수 있는 예배 분위기를 만드는 것은 쉽지
않습니다. 하긴, 성장하는 어린 세대들에게 전달되는 메시지와 임
종이 얼마 남지 않은 노인 세대들에게 전달 되는 메시지는 달라야
하지 않을까 하는 생각이 들기도 합니다.

그렇다면, 시니어 예배도 만들고, 성별로 구분되는 예배도 만들고,
연봉 십 억이 넘는 교인들만 모이는 예배도 만들고, 박사학위 소지
자들만 모이는 예배도 만들어야 하지 않을까요?

하나님께서는 한 가족이 한 공간에서 함께 예배 드리는 모습을 흐뭇
해 하십니다. 한 주에 한 번 드리는 예배 조차도 가족이 함께 하지
못하면서 '하나님과 동행' 이라는 단어를 쓴다는 것이 좀 ...

온 가족이 함께 하나님께 예배를 드립시다.

예배

가지 말고 이 땅에서 예배를 드려라.

바로가 출애굽하려는 모세에게 한 말입니다. 이 말을 오늘날 신앙 생활에 적용하면, 나의 변화되지 않은 이전의 체질을 그대로 유지하면서 신앙 생활을 하라는 말입니다.

몸은 교회에 나오지만 마음은 미움, 질투, 원망, 분노, 염려, 불안, 정욕, 잔인, 난폭, 거짓, 위선, 참소, 탐욕, 욕심, 나태, 자고와 자긍, 교만의 정글을 헤치고 다니지 않나요? 나의 본 모습을 감추고 적당히 인격적인 모습으로 서 있으면 되나요? 아닙니다.

먼저 애굽에서 떠나야 합니다. 그리고 광야 생활을 통하여 하나님께 예배하는 신앙인으로 바뀌어져야 합니다.

예배 안에는 신앙 생활의 모든 것이 담겨져 있습니다. 교회에서 예배하고 생활에서 실천하고, 또 교회에서 예배하고 생활에서 실천하고, 이 과정이 반복되어 예배가 생활이 되고 생활이 예배가 되는 신앙이 되면, 가나안이 정복되는 것입니다.

가나안에 도착하려면 3 ~ 14,600일이 걸립니다.

주일 성수

주일을 바리새인들처럼 지켜야 하나요?

K 집사가 헝클어진 머리로 교회 문턱으로 들어 섭니다. 경제적으로 급속히 무너지는 형편이어서 자신의 외모를 돌아 볼 마음의 여유가 없습니다. 절망의 극단에 온 K 집사가 마지막으로 할 수 있는 것은 주일 예배에 참석하는 것이었습니다.

시간이 흐르면서 사업에 물꼬가 트이기 시작하고 집사의 용모에도 변화가 생기기 시작합니다. 미장원에서 잘 손질된 머리를 하고, 맞춤 옷을 입고 교회 문을 들어 섭니다. 교회 여름 성경학교 행사에 필요한 모든 비용을 주저 없이 즉석에서 부담합니다.

동대문 시장에서 소문이 자자할 정도로 사업이 놀랍게 번창해 나가기를 몇 년, 집사 부부는 주일 날 교회 나오는 것을 거르기 시작합니다. 목사님은 집사 부부에게 주일의 중요성을 강조하십니다.

몇 년 후, 그렇게 잘 나가던 사업에 심각한 제동이 걸리기 시작합니다. 어느 주일 밤, 남자 집사는 술에 취해서 남의 집 담을 넘다 떨어져서 목뼈가 부러져 사망 했습니다.

주일 성수는 선택사항이 아닌 명령입니다.

증인들

현대 교회는 교인들을 기르고 있습니다.

신들린 무당이 날이 시퍼렇게 선 작두 위에 맨발로 섭니다. 사람을 보면 한 해의 길흉화복이 훤히 보인답니다. 숨겨진 물건을 기막히게 찾아 내기도 합니다. 그래서 사람들은 아직도 무당을 찾아 갑니다.

무당은 두 종류로 분류됩니다. 하나는 오랫동안 전수되어 온 학문을 열심히 익힌 학습 무당이고, 다른 하나는 열심히 기도하고 수련을 쌓아 마귀와 소통하는(지배 당하는) 영적 무당입니다.

교인들도 두 성향을 보입니다. 한 부류는 오직 성경 말씀을 상고하고 말씀에 착념하여 흔들림 없습니다. 다른 부류는 기도를 중심으로 신령한 은사와 신비를 체험하면서 말씀을 확인합니다.

초대교회에는 이 두 성향이 함께 있었습니다. 말씀을 나누고, 함께 힘써 기도하였습니다. 여기에서 멈추지 않고, 일상 생활에 소용되는 것들 까지도 유무상통하는 신앙 생활을 했습니다. 초대 교회 교인들의 신앙은 생활 속에서 그리스도를 체험하고, 자신들이 체험한 그리스도를 증거하는 것이었습니다.

초대 교회 교인들은 증인들이었습니다.

미리 알려주심

선지자에게 보이지 않고는 절대로 행하심이 없다.

이 귀절은 사실은 목회자들에게 엄청난 도전의 말씀입니다. 하나님께서 양을 향한 계획을 알려 주실 때 목회자들에게 눈과 귀가 열려 있어야 한다는 전제가 깔려 있기 때문입니다.

양을 향한 하나님의 징계하심을 목회자에게 미리 보여 주셨는데, 목회자가 보지 못하여 양에게 전해 주지 못했다면, 그리고 그 결과로 양이 징계를 면할 기회를 놓쳤다면 어떻게 되겠습니까?

혹시, 목회자가 하나님의 보여주심을 알아 차리지 못했다 할지라도, 목회자가 부지불식 간에 하는 모든 말에 하나님께서 하시고자 하는 말씀이 자동적으로 담기게 된다고 생각하시나요?

얼렁뚱땅 넘어갈 일이 아닙니다.

목회자가 하나님의 음성을 듣지 못하면 교인들은 예언의 은사를 받았다는 권사를 수소문하여 찾아 가게 됩니다. 내 교회 목사님의 눈과 귀가 열리도록 기도하세요.

선지자는 하나님의 음성을 듣는 자입니다.

예언

은사를 받아야 합니다.

어느 권사가 예언의 은사를 받았습니다. 처음에는 조용히 예언을 했는데, 어찌 알았는지 교인들이 소문을 듣고 하나 둘 권사를 찾아 옵니다. 예언은 힘든 삶을 살아가는 교인들에게 위로와 힘을 주었고, 교인들은 권사의 입에서 나오는 예언의 말에 큰 비중을 두기 시작합니다. 시간이 흐르니 권사의 마음도 예전 같이 조심스럽지 않습니다. 교인들의 잘못을 지적하더니, 목회자의 잘못도 지적하기 시작합니다. 이제, 교회는 겉으로는 목회자 중심이지만, 내부에서는 권사를 중심으로 하는 다른 파벌이 생겼습니다.

혹시, 예언의 은사를 받은 권사들 중에 이런 상황의 당사자가 있다면 지금 당장 예언을 내려 놓고 회개해야 합니다. 왜냐고요? 교회는 말씀이신 예수님이 이끌어 가시는 곳입니다. 은사는 직분 감당을 위해 주신 병기일 뿐입니다. 하나님께서 주신 병기를 목회자와 교인들을 향해 휘두르는 행위는 교회에서 칼춤을 추는 무서운 범죄행위입니다. 이런 일들이 비일비재하게 생기다 보니 교회에서 예언을 금지시키는 일이 진행됩니다. 가장 좋은 해결책은 목회자나 사모가 예언의 은사를 행하거나 말씀으로 통솔하는 것입니다.

질서를 지켜야 합니다.

메시지와 메신저

메시지를 확인하세요.

지금 이 세상에는 수 없이 많은 메시지들이 넘칠듯이 출렁거리고 있
습니다. 그리고 새로운 메시지는 쉼 없이 솟구쳐 올라 옵니다. 지식
이 넘쳐나는 말세에 살고 있습니다.

유튜브도 메시지를 전달하는데 한 몫을 합니다. 모든 유튜버들은 전
달하고자 하는 메시지가 있습니다. 이 모든 메시지들의 옳고 그름은
어떻게 판별해야 할까요?

모든 것의 기준이 되는 성경은 철저한 사실입니다. 다만, 성경 말씀
을 전달하는 메신저가 바른 메신저인가 하는 점은 점검을 해야 합니
다. 메신저를 점검하지 않으면 사이비 이단에 빠질 수 있습니다.

' 증험과 성취함 ' 입니다.

메신저가 전달한 메시지가 메시지의 내용대로 실생활에서 진행되는
지 검증해 보라는 것입니다. 하나님의 말씀이 남용, 오용, 왜곡, 오
도되지 않도록 '검증' 이라는 방법으로 확인해야 합니다.

메신저를 확인하세요.

목회자

신학교에 입학합니다. 얼마 후 무난히 졸업을 합니다. 조금 부담이
되기는 하지만 신학원에 입학하여 학업을 지속합니다. 전도사 과정
을 마치고 부목사 직분을 맡습니다. 시간이 흘러 목사가 됩니다.
고된 목회자의 길을 걸어 온 결과로 당회장 목사가 됩니다. 유대관
계가 좋아서인지 노회장으로 추천을 받습니다. 총회장 직분도 주어
지기만 하면 잘 감당할 수 있을 것 같습니다. 성공한 목회자입니다.

거친 광야에서 어린 양 한마리가 무작정 걸어가고 있습니다. 여러
날을 길 잃어 헤매인 연고로 어린 양은 제대로 걷지도 못합니다. 잃
어버린 양을 찾기 위해 목자가 길을 떠납니다. 양을 찾은 목자는 버
둥거리지도 못하는 양을 안고 양무리에게 돌아 옵니다. 그리고 정성
스럽게 보살피기 시작합니다. 시간이 흘러 어린 양은 건강하게 자
라고, 양 무리 속에서 짝을 찾아 새끼를 낳습니다. 목자입니다.

하나님께서는 목자가 잘 생기고, 건장하고, 목소리가 우렁차고, 들
고 있는 지팡이가 근사하고, 털을 잘 깎고, 치즈를 잘 만들고, 양의
숫자가 아주 많고, 등 등에는 관심이 없으십니다. 하나님께서는 목
자를 보시지 않습니다. 하나님께서는 양의 상태를 보시고 목자를
평가 하시며 양의 상태에 따라 상을 주십니다.

---

* 목회자가 받는 상급을 평신도가 받을 수 있는 방법이 하나 있습니다. 목자를 도와 잃어버린 양을
찾고 보살피는 일에 함께 하면 목회자의 상급을 함께 받을 수 있습니다. 단체상이라고 하면 이해
가 쉬울까요.

목회자의 상급

뭔가 거창한 일을 하시나요?

큰 집회를 열고, 많은 신앙 서적을 쓰고, 수 만명이 모이는 교회를 이끌어 가고, 큰 기독교 단체의 일을 하는 역량 있는 목회자들이 많이 있습니다. 하늘에서의 큰 상급이 기대됩니다.

노인들 몇 명 있는 깊은 산골에서 목회하시는 목사님들에게도 상급은 있겠죠? 정말로 작은 교회 하나 꾸려가기도 허겁지겁이라서 큰 상급을 기대하는 것은 좀 무리일까요?

하나님을 사랑하는 목회자가 하나님 앞에서 반드시 감당해야 하는 것은 거창한 일이 아닙니다. 목회자의 직분은 다름 아닌 하나님의 양을 돌아보는 것입니다.

목회자의 상급은 주어진 양의 건강 상태로 결정이 됩니다.

신앙생활을 하는 중에 간간이 목도한 것이 있는데, 교회에서도 사회적 지위가 높은 사람들에게 관심이 많다는 것입니다. 하나님께서는 잃어버린 양에 관심을 두시고 있다는 사실을 잊어 버리지 마세요.

하나님의 양을 돌아보시나요?

소자

목회자의 결점이 내 눈에 보이나요?

이건 옳고, 저건 그르고, 이건 이래야 하고, 저건 저래야 하고, …
맞는 말들을 하는데, 말이 많은 만큼 갈등과 분쟁이 많아집니다.

혹시 아시나요, 선악구별은 선악과를 먹은 결과라는 것을.

내가 소속한 교회의 목사님이 너무 부족한 것이 많다고 가볍게 대하
고 그 교회를 떠나는 것은 예수님을 가볍게 떠나는 것이 되고, 예수
님을 가볍게 떠나는 것은 하나님을 가볍게 떠나는 것이 되며, 하나님
가볍게 떠나면 내 인생은 빈 껍질이 됩니다.

내가 소속된 교회의 목사님이 소자같이 부족해도 마음을 같이 해서
함께 하나님의 일을 하면 예수님께서 기뻐하시고, 예수님께서 기뻐
하시면 하나님께서 더 없이 기뻐하시고, 하나님께서 기뻐하시면 내
인생에도 기쁨이 넘쳐 흐르게 됩니다.

당신의 목자는 소자일까요,
아니면 종교 지도자일까요?

소자를 위해 기도하세요.

군목

인도자에게는 책임이 있습니다.

한국전쟁 당시, 한국군과 유엔군이 합동으로 괴뢰군을 물리치면서 북으로 힘을 다해 진군하였습니다. 후퇴하는 괴뢰군에 중공군이 합류하게 되자 전세는 뒤바뀌었고, 미처 후퇴하지 못한 한국군과 유엔군은 포위 당하게 되었습니다.

지리를 잘 알고 있는 한국군은 남쪽 후방 집결지에 모이기로 하고 포위망을 피해 남쪽 방향으로 후퇴 했습니다. 후퇴하면서 유엔군들을 보니 저들은 기도를 마친 뒤 군목을 따라 남쪽이 아닌 북쪽으로 올라가고 있었습니다.

후방의 집결소에 도착해 보니, 그 많던 한국군 병력은 단 3명만 살아서 돌아 왔습니다. 군목을 따라 북으로 향했던 유엔군들은 전원 무사히 복귀 했습니다. 한국군보다 더 먼저...

하나님께서 인도하시는 길은 사람들이 생각하는 길과는 전혀 다른 방향일 수도 있습니다. 하나님께서는 이런 일이 생기지 않도록 하기 위해 하나님의 음성을 들을 수 있는 인도자를 세우셨습니다.

인도자를 위해서 기도하세요.

기막힌 아이러니

아주 기막힌 아이러니가 있습니다.

교회는 성령의 도우심으로 죄를 회개한 자들이 모여, 나를 부인하고, 성령의 인도하심 속에서, 성령의 열매를 맺어 가는 곳입니다.

교회는 성령이 주체가 되는 곳입니다.

교회는 교인들이 성령을 받을 수 있도록 도와 주고, 성령의 인도하심 가운데 살 수 있도록 도와 주고, 성령의 열매를 맺을 수 있도록 도와 주는 곳입니다.

성령의 역사를 제어하는 가장 좋은 방법은 회개하지 않는 것입니다. 성령의 역사에 불을 지피는 가장 좋은 방법은 회개하는 것입니다.

교회가 성령을 외면하고, 성령의 역사를 제한하고, 성령을 부인하고, 개인의 의지와 확신을 강조하면 이는 교회의 본분을 스스로 부인하는 지독하게 기막힌 아이러니입니다.

성령을 부인하는 것은 기막힌 아이러니입니다.

성령을 외면하는 것도 기막힌 아이러니입니다.

높낮이

높은 곳으로 올라 가고 싶으세요?

쓰레기 통에서 구더기들이 꾸물꾸물 올라 옵니다. 언제나 그렇듯이 햇볕이 들지 않는 퀴퀴하고 낮은 곳에 파리가 한 번 왔다 가면 구더기들이 바글바글해 집니다. 이들은 무리를 지어 높은 곳을 향하여 악착 같이 올라 갑니다. 파리가 될 날을 학수고대 하면서.

날개 가진 모든 동물들 중에서 비행술 1위는 파리라고 합니다. 개미들에게 발각되면 어두운 땅굴 속으로 끌려 들어가야 했던 구더기가 날개 넉장을 달고 나니 완전히 격이 달라 보입니다. 이를 악물고 저 높은 곳을 향하여 기어 올라 온 보람이 있네요.

모든 동물들에게 상향성이 있는지는 모르겠지만 인간에게 높은 곳에 올라 가기를 염원하는 성향이 있는 것은 분명합니다. 정치인들은 두 말 할 필요 없고, 누구나 돈 더미 꼭대기에 올라서고 싶고, 심지어는 무덤까지도 높은 자리를 선호합니다.

교회는 다릅니다. 교회를 이끌어 가는 흔들리지 않는 힘은 낮은 곳으로 내려가 섬기는 자들에게서 나옵니다.

가장 낮은 곳으로 내려가세요.

성도

절박한 기도

절박한 기도를 해 보신 적 있나요?

1950년 어느 날, 일단의 북한군들이 남한의 군인들을 몇 잡아서 포로로 끌고 갔습니다. 물살이 센 개울이 하나 나타났고, 북한군들은 국방군들을 하나씩 개울 다리를 건너도록 하였습니다.

물살이 거세게 흐르는 개울 중간 쯤에 국방군이 다다르면 어디선가 총소리가 들렸고, 다리를 건너던 국방군은 총소리와 함께 나무토막처럼 개울물로 떨어져 휩쓸려 내려 갔습니다.

마지막 남은 국방군이 다리 중간 쯤에 이르자 역시 방아쇠가 당겨 졌습니다. 그런데 어찌된 일인지 총알은 나가지 않고 철커덕 거리는 소리만 들렸습니다. 그러기를 몇 번, …

'썅' 소리가 들어가는 욕을 해대면서 북한군이 총구를 하늘로 향해 당기자 요란한 총소리가 사방으로 퍼져 나갔습니다. 다시 국방군을 쏘려고 보니 국방군은 이미 다리를 건너 간 뒤였습니다.

절박한 환경은 절박한 기도를 만듭니다.

좋은 일꾼

좋은 일꾼이신가요?

어떤 일꾼은 일을 아주 잘 해서 깔끔하게 마무리 합니다. 자기가 하는 일을 잘 알고 힘써 일하는 사람입니다.

어떤 일꾼은 기막힐 정도로 엉터리이고 표시날 정도로 게으릅니다. 당장 해고 해야 할 사람입니다.

어떤 일꾼은 일을 아주 열심히 하는데도 결과가 좋지 않습니다. 경험이 적기 때문인데 경험이 쌓일 때까지 기다려 보아야 합니다.

어떤 일꾼은 자기 주장이 강해서 일하는 방법을 가르쳐 주어도 별 진도가 없습니다. 고용주의 지시를 무시하는 사람입니다.

당신은 어떤 일꾼을 고용 하시겠습니까? 그리고, 하나님께서는 어떤 일꾼을 선택하실까요?

성공하는 CEO들은 손님을 만족시키고, 효율적으로 일하고, 업무를 잘 숙지하고, 자기 일에 전문성을 갖춘 직원을 찾습니다.

하나님의 일꾼은 누구일까요?

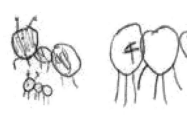

새 인생

당신의 마음 속에는 무엇이 있나요?

컴퓨터는 설치된 시스템을 따라 작동됩니다. 우리의 마음도 설치된 시스템에 따라 작동 됩니다. 인생은 사는 것이 아닙니다. 마음에 설치된 시스템이 작동 되는대로 살아지는 것입니다.

내 인생을 변화시키려면 내 마음에 설치된 파괴적인 시스템을 교체해야 합니다. 가장 파괴적인 시스템은 **죄**입니다. **보혈**이라는 강력한 시스템을 설치하면 죄의 시스템은 제거됩니다.

시스템은 생각이라는 명령어로 작동됩니다. 사탄이 가룟 유다에게 한 짓은 '예수를 팔 생각'을 넣은 것입니다. 안타깝게도 유다는 사탄이 제시한 명령어를 거부하지 않았습니다.

생각이 마음에 들어 올 때 거부하지 않고, 사탄이 집어 넣은 생각에 끌려 가룟 유다처럼 행동에 옮기게 되면 사탄의 도구가 됩니다.*
생각을 제어하는 '방어 시스템(성령)'을 추가로 설치하세요.

당신의 인생을 새 시스템으로 채우세요!

* 요즈음 사람 안으로 무엇이 들락거리는 영화나 드라마들이 범람합니다. 마귀들이 자신들의 모습을 드러내고 싶어서 안달입니다. 마귀들의 최대 약점은 자신을 드러내고 높임 받고 싶어하는 교만입니다.

God
lrgnt of
Holy sprnit

God loves you See much

불신자 크리스천

나는 **교인**들을 신뢰하지 않습니다. 왜?

비겁합니다.
　세상 사람들이 자신들의 아버지 하나님을 욕해도, 멍하니 듣고 모른 척 하는 것 많이 보아 왔습니다.

약속을 지키지 않습니다.
　성경은 언약으로 가득합니다. 언약의 백성이라는 사람들이 약속 지키기를 가볍게 여겨서야 되겠습니까.

불신자와 별로 다를 것이 없습니다.
　돈을 사랑하고, 혼자 잘 났고, 자기 중심적이고, 교인들끼리도 서로 비난하고, 독단적입니다.

말과는 다르게 행동이 없습니다.
　성경 말씀은 많이 암기했는데, 할 줄 아는 것이라곤 행동이 없는 변명 뿐입니다.

듣기 거북할 정도로 교인들을 실제보다 낮게 평가 했나요?

나는 **크리스천**들을 신뢰합니다.

크리스천

Palm reader는 손금을 보고 그 사람의 인생을 읽을 수 있습니다. 사주작명가는 이름과 생년월일시를 알면 인생을 읽을 수 있습니다. 관상학자는 얼굴만 보고도 그 상대방의 인생을 읽을 수 있습니다. 평범한 일반인은 자료들을 주어도 아무 것도 읽을 수가 없습니다.

그런데, 아무 것도 없어도 모든 것을 알 수 있는 사람이 있습니다. 성령을 받은 크리스천입니다.

권리와 의무

권리에는 항상 동일한 양의 의무가 따라 옵니다. 크리스천에게도 권리와 의무는 한 세트로 찾아 옵니다. 구원에 이르는 은혜가 크리스천에게 주어지는 권리라면, 은혜 받은 자로서의 행동은 크리스천들에게 부과되는 의무입니다.

현대 교인들의 특징 중 하나는 크리스천으로서의 책임감이 희미해졌다는 것입니다. 구원의 은혜가 공짜라는 생각에 파묻혀 지내다보니 권리만 주장하고 의무는 망각하게 되었습니다.

뜨거운 감자

믿음으로 일까요, 아니면 행위로 구원을 얻을까요?

질문을 바꿔 볼까요?

하나님은 사랑이십니까 아니면 공의이십니까?

하나님께서는 한 치도 용납 없이 무섭도록 공의로 행위를 심판하시지만, 다른 한편에서는 사랑으로 모든 것을 포용하십니다.

우리는 구원에 대한 정답을 구하기 전에 먼저 고질적인 이분법적 사고 체계를 버려야 합니다. 성경은 총체적으로 보아야 합니다. 믿음 없는 행위는 구원에 아무런 도움이 되지 않으며, 행위 없는 믿음은 생명 없는 죽은 것입니다.

인류 역사를 통해 많은 사람들이 선행을 주장해 왔습니다. 선악간 모든 행위는 구원과는 아무런 관련이 없습니다. 하나님 보시기에 합당한 행위는 믿음에서만 나오며 이 믿음은 행위를 통하여 스스로를 증명합니다.

연필심과 지우개는 한 연필 안에 공존합니다.

소망

믿음이 없어 낙심이 되시나요?

믿음이 있으면 이 세상에서 불가능한 일이 없고, 하나님을 기쁘시게 할 수 있고, 천국에 들어갈 수 있는 자격이 주어집니다.

믿음은 크리스천에게 필수 항목이긴 하지만 믿음이 없다고 낙망하지 마세요.

하나님께서는 믿음이 없는 우리들을 위해 소망을 준비하셨습니다. 소망은 시간을 견디어 나가는 힘이 있어 목적지에 도달하게 합니다.

소망하던 것들이 이루어지는 것을 몇 번 체험하게 되면 소망은 싹을 내고 믿음으로 성장하게 됩니다.

교회에서 소망이라는 단어는 믿음이라는 힘 센 단어에 밀려 설 자리가 약해졌습니다.

교회 안에 소망이 가득하면 자연스럽게 절망이 가득한 세상으로 소망이 퍼져 나가게 됩니다.

소망으로 다시 일어서야 합니다!

하나님의 일

하나님의 자녀이신가요?

한 착한 아들이 있었습니다. 이 아들은 열심히 아버지의 일을 도우면서 살고 있었습니다. 무슨 특별한 급여가 주어지는 것도 아닌데 아버지의 집에 함께 기거하면서 아버지의 일을 자기 일처럼 힘써 돌아보고, 소리 없이, 기쁨으로, 차근차근 아버지의 일을 쉼 없이 하고 있었습니다.

이 아들은 분명 일을 하고 있었습니다. 이 아들은 아버지와 함께 일하는 것을 노동이라 생각하지 않았습니다. 아버지와 함께 있다는 것만으로도 이 아들에게는 기쁨이었습니다. 보수나 칭찬이 전혀 필요 없었습니다.

힘 있고 능력 있는 사람들은 자신의 힘과 능력으로 모든 일을 하려 합니다. 하나님의 시선은 능력 있는 사람에게 향하지 않습니다. 하나님의 시선은 하나님과 함께 있는 것으로 만족해 하는 소자에게로* 향하고 있습니다.

자녀는 아버지를 사랑합니다.

* 성경에서 말하는 소자는 첫째, 겸허한 하나님의 사역자들이고 둘째, 믿음이 연약한 성도들이며 셋째, 고아와 과부들입니다.

멍에와 십자가

크리스천에게는 두 가지 짐이 있습니다.

하나는 '자기 십자가'이고, 다른 하나는 '멍에'입니다.

우리는 예수님께서 고난의 십자가를 감당하신 것을 알고 있습니다. 우리는 자신만이 감당해야 할 십자가가 있다는 사실은 망각합니다.

크리스천은 자신만의 십자가를 지고 그 십자가에 자신의 죄성을 못 박으면서 하늘나라를 향해 걸어 나아가는 것입니다.

자기 십자가는 하나님과의 수직적인 관계입니다.
그리고, 멍에는 성도들과의 수평적인 관계입니다.

목사님의 힘든 사역에 동참하는 것은 목사님의 멍에를 함께 지는 것이고, 힘든 과정을 걸어가는 성도의 짐을 함께 지는 것도 그 성도와 멍에를 함께하는 것이며, 불신자에게 복음을 전하여 영원한 저주를 피할 수 있는 길을 알리는 것도 하나님께서 기뻐하시는 멍에입니다.

예수님께서는 수고하고 무거운 짐을 진 자들에게 편히 쉬게 해 주시겠다고 하셨습니다. 예수님께서는 자기 십자가와 멍에를 지고 가는 자들을 쉬게 하십니다.

장미꽃 마술

손수건이 장미꽃으로 바뀌는 마술을 보셨나요?

중국에서 예수 그리스도를 전하시던 한 목사님이 공안에게 잡혀 인분처리장에서 노역을 하게 되었습니다. 악취가 너무 심해서 간수들조차 인분처리장 근처에는 아예 접근을 하지 않았고, 목사님은 하루 대부분을 혼자 지내면서 마음껏 찬송을 부를 수 있었습니다.

체포, 구타, 고문, 감옥, 배고픔, 추위, 노역, 불결... 이런 상황에서 가슴 깊은 곳에서 기쁨 가운데 솟구쳐 올라 오는 찬송을 부른 것입니다. 목사님이 즐겨 부르던 찬송가는 '저 장미 꽃 위에 이슬' 이었습니다. 인분이 장미꽃으로 변하는 마술공연이었습니다.

목사님은 기적적으로 감옥을 탈출하여 '저 장미 꽃 위에 이슬' 을 자유롭게 부를 수 있는 미국으로 이주 했습니다. 시간이 흘러 목사님은 미국이 병들어 썩어 가고 있음을 발견했습니다.

기독교의 중심지인 미국은 마귀들의 집중적인 공격으로 점차 불결한 인분장으로 변해가고 있지만, 어느 누구도 미국의 크리스천들을 도와야 한다고 말하는 사람이 없습니다.

장미 꽃 마술은 모든 크리스천들에게 필요합니다.

달란트

당신의 달란트는 무엇인가요?

인간은 자신이 갖고 있는 재능을 발견할 기회를 갖지 못하는 경우가 대부분이고, 자신의 재능을 알면서도 개발하지 못하고 살아 갑니다. 다행히 자신의 재능대로 살아갈 기회가 주어져도, 인간은 자신에게 주어진 재능의 반의 반도 활용하지 못하고 생을 마감합니다.

달란트 문제가 등장하면 크리스천들은 공통적으로 한가지 부담감을 갖게 됩니다. 자칫하면 책망 받은 1달란트 가진 자가 될 수 있다는 일말의 불안감입니다. 죄에서 자유로워지기 위해 시작한 신앙 생활에 새로운 짐이 지워지기 시작하는 순간입니다.

대부분의 크리스천들은 성경의 달란트를 각 개인이 갖고 있는 재능(talent)으로 해석합니다. 성경의 달란트는 특정한 재능을 말하는 것이 아닙니다.

성경의 달란트는 하나님께서 각 개인에게 부여하신 총체적 역량을 말합니다. 성도는 자신의 한정된 재능에 집착하지 말고 자신이 할 수 있는 일들을 성심성의껏 하는데 초점을 두어야 합니다.

마음껏, 자유롭게, 역동적으로, 하나님을 향하여!

나

남을 버려야 내가 산다고요?

감당하기가 너무 어려운 현실 속에 있으신가요? 무너져도 일으켜 세워 줄 사람이 없다고요? 오히려 나를 넘어 뜨리고 짓밟으려고 한다고요?

예, 이것이 사탄이 장악한 세상입니다.

이런 거친 세상에서 살다보니 나의 어려움만 바라보게 됩니다. 모든 생각이 나의 어려움에 집중되어 있으니 어려움은 더욱 커져 보입니다. 이 지긋지긋한 어려움에서 벗어날 방도가 보이질 않습니다.

어려움을 꼭 쥐고 있는 내 손을 바라보지 말고 시선을 돌려 내 뒤에서 계신 예수님을 바라 보아야 합니다. 예수님의 시선이 내 손을 향할 때 나의 어려움이 떠나게 됩니다.

한 걸음 더 나아가서 남의 어려움도 바라 보고 도울 줄 알아야 합니다. 내가 왜 그래야 하냐고요? 이것이 나의 어려움에서 완전히 빠져 나오는 출구이기 때문입니다.

예수 안에서 함께 사는 길이 있습니다.

시험과 실족

'시험'과 '실족'은 어떻게 다를까요?

중년의 여자 집사가 소그룹 찬양팀에 합류하였습니다. 어느 날, 평소 입이 다소 거친 권사가 집사에게 다가 가더니 권고 아닌 권고를 하였습니다. 찬송은 트로트 스타일로 하는 것이 아니라고. 이 일은 유난히 마음이 여리고 세상 풍파를 전혀 모르고 살아오던 집사에게 큰 충격을 주었고, 집사는 며칠 동안 수치심으로 괴로워하면서 눈물까지 흘렸습니다. 이후로 교회에 나오지 않았습니다.

집사가 시험에 든 것입니까? 권사가 실족을 시킨 것입니까?

집사의 신앙이 약해서 시험에 들었다고 말하는 사람들은 강한 믿음을 강조하는 부류입니다. 권사가 믿음이 약한 집사에게 조심 없이 함부로 말해서 집사를 실족시킨 것이라고 말하는 사람들은 사랑을 강조하는 부류입니다.

집사는 시험에 든 것이고, 권사는 실족을 시킨 것입니다.
나약한 교인과 실족시키는 교인이 만나 생긴 일입니다.

성가대 집사는 나약한 신앙에서 강건한 믿음으로 성장해야겠지요.
권사는 자신의 언행심사를 사랑으로 여과시키도록 성장해야 합니다.

합심 기도

지성이면 감천인가요?

성경에서는 기도의 능력을 말하고 있습니다. 기도하라고 합니다. 더 나아가, 기도하지 않는 것이 죄라고 까지 규정합니다.

성경에서는 기도에 대해서 구체적으로 설명하고 있습니다. 응답을 받지 못하는 기도의 문제점 또는 개선점 까지도 알려줍니다. 장애물을 개선하면 응답 받는 기도가 된다는 것입니다.

모든 일에 그렇듯이 애매모호한 경우가 있습니다. 분명 응답을 받을 수 있는 기도가 아닌데, 응답을 받을 가능성이 생기는 경우입니다.

한 예로, 하나님께서 응답해 주실 기도가 아니지만, 두 세 사람이 합심하여 기도하면 그 '합심하는 것'을 보시고 응답을 주십니다. 그래서인지 교회마다 합심 기도들을 많이 합니다.

많은 사람들이 크리스천들의 기도 내용이 세속적이라고 비난합니다. 저들이 뭐라 하건, 하나님께서는 기도하는 자녀들이 진솔하게, 애통해 하며, 감사하는, 그리고 합심하는 마음을 보시고 응답하십니다.

합심하여 기도하세요.

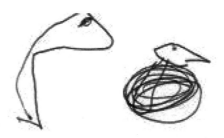

기도 제목

평생의 기도 제목이 있으신가요?

이 세상에서 할 수 있는 일들은 많이 있습니다. 명문대 입학 하기, 삼성 같은 글로벌 기업체에 입사하기, 은퇴 전에 완벽한 노후 보장해 놓기, 내 아기 잘 키우기,   , 간호하는 간호사 되기,   , 비전을 높혀 주는 교수되기, 하나님의 작품을 복사하는 예술가 되기,   , 하나님의 말씀을 온전히 증거하는 목사되기, 물질을 교통 정리하는 부자되기,   멀리하기, 나라를 위해 기도하기,   아내 보호하는 남편되기,   , 부모 공경하는 자식되기, 평등법 반대하기,   선교에 동참하기, 마귀와 싸우기, 하나님의 군사 되기, 천국에 입성하기, ... 등.

다니엘이 기도하기를 작정한 순간 하늘에서는 그 기도를 곧 바로 접수하고 응답의 천사를 보냈습니다. 응답된 기도를 다니엘이 받지 못한 것은, 응답의 천사가 흑암의 세계에 갇혀 다니엘에게 올 수 없었기 때문입니다. 결국 강력한 전투의 천사 미가엘이 갇혀 있던 천사를 구했고 기도의 응답은 40일 후에 도착했습니다. 응답이 더디어 보였지만 기도를 시작했을 때 응답은 이미 발송이 되었던 것입니다.

웅얼거리지 말고 쉼 없이 기도하세요.

순종

고지를 사수하라.

직업이 없어 힘들어 하는 백인 청년에게 '군대에 입대하면 어떠냐?'
고 물어 보았습니다. 안 간답니다. 누가 자기에게 이래라 저래라 명
령하는 것을 자신은 견딜 수 없다는 것이 군대에 가지 않는 이유였습
니다. 군대의 특성이 명령체계라는 것을 잘 알고 있었습니다.

모든 군인들에게는 각자에게 명령하달 된 복무 장소가 있고 그 장소
에서 해야 할 임무가 있습니다. 상부로부터 전보 발령을 받은 경우
엔 당연히 새 임무 수행을 위해 이동해야 하겠지만, 이 경우를 제외
하고는 군인은 자기 자리를 꼭 지켜야 합니다.

이 자기 위치는 절대적인 것입니다. 전투에서 승리했어도 상부의
지시 없이 임의로 행동한 것이면 문제가 됩니다. 군대는 명령 체계
로 구성되고 유지 됩니다. 불가항력적인 상황이라 할지라도 주어진
위치를 지켜야 할 때는 죽음으로 명령을 따라야 합니다.

예수님은 총사령관이시고, 목회자는 장교, 장로는 주임상사, 집사는
하사관, 평신도는 병장 이하, 새 교인은 신병, 명예 장로는 퇴역 장
교, 식사 담당은 취사병, 성가대는 군악대, 구역장은 분대장, 그리고,
근거 없이 교회를 떠나면 탈영병입니다.

사명

크리스천인 나의 사명은 무엇일까?

거친 비바람이 몰아치는 언덕 위로 검은 구름이 가득합니다. 많은 사람들이 계곡 아래로 떨어집니다. 미끄러지면서 내게 부딪히기도 하고, 어둠 속으로 떨어지면서 절규하는 비명소리가 내 귓가를 스치고 지나가기도 하고, 무언가를 잡으려고 뻗친 손이 내 몸을 스쳐 지나가기도 하고, 공포로 가득한 눈동자가 어둠 속에서 아주 짧은 시간 내 눈동자와 마주치고는 곧 바로 어둠 속으로 추락합니다.

우리는 폭풍의 언덕에 살고 있습니다. 언덕 저 아래로 떨어지지 않기 위해 정상을 향하여 힘겹게 기어 올라 갑니다. 안간힘을 쓰지만 결국 언덕 아래로 떨어지는 것은 누구도 피할 수 없습니다. 언덕에 머무를 수 있는 시간도 많지 않습니다. 생명 있는 모든 인간은 계곡 아래로 떨어질 날을 기다리는 것 밖에는 달리 무엇을 어떻게 해 볼 수 없습니다.

고개를 돌려 보니 언덕 한 귀퉁이에 불을 밝히고 서 있는 큰 방주가 눈에 들어 옵니다. 방주 앞에서 하나님의 자녀라는 사람들이 빨리 오라고 손 짓을 합니다.

크리스천인 나의 사명을 찾으셨나요!

최초의 선교사

유대인들은 선민의식으로 복음을 나누지 않았다!

아닙니다. 당신이 크리스천이라면 당신이 알고 있는 초창기 전도자들을 떠 올려 보시기 바랍니다. 베드로, 요한, 바울, 스데판, …. 이들 사도들 외에도 많은 유대인 평신도 사역자들이 예수 그리스도를 전파하였습니다. 오늘날 크리스천들이 전하는 그리스도는 2,000년 전 유대인이 전한 그리스도입니다.

성경에서는 접붙임 받은 가지가 본 가지를 멸시해서는 안된다고 기록하고 있습니다. 안타깝게도 많은 크리스천들이 유대인들의 민족적 구원은 끝났다며 유대인들을 신앙적으로 경시하는 시선으로 바라봅니다. 유대인들이 전한 복음을 받은 자들이 그 받은 복음으로 복음을 전해 준 유대인들을 멸시하는 짓을 하고 있습니다.*

신학은 살아 있는 하나님의 말씀을 성령의 도우심으로 이해하지 않고, 임의로 도마 위에 올려 놓고, 이리저리 칼질을 하면서, 학문적으로 분석합니다. 그 결과로 도마 위에는 난도질 당한 생명 없는 생선 살만 남게 됩니다. 신학은 생명을 살리지 못합니다. 말씀이 생명을 살립니다.

이제, 우리가 유대인에게 복음을 전해야 합니다!

* 아직도 대체신학의 늪에서 허우적 거리고 있으신가요?

형제 이스라엘

원유보다 소중한 것이 있습니다.

1970년대 전 세계에 오일 쇼크가 발생했습니다. 이스라엘을 시나이 반도에서 쓸어 버리는 것이 최상의 국가적 목표였던 아랍 산유국들은 모든 국가에게 이스라엘과의 단교를 요구 했습니다. 대한민국에도 이스라엘과의 국교 단절을 요구했고, 원유가 절대적으로 필요했던 대한민국은 이 요구를 수용했습니다.

이 때, 대한민국 크리스천들 중 어느 누구 한 사람 이스라엘의 편에서서 변론하는 사람이 없었습니다. 목회자들은 자기 교회를 부흥시키는 일에 바빠서 정부의 이런 정책에 신경 쓸 겨를이 없었습니다. 하나님께서 이스라엘과 맺으신 언약이 살아 있음을 아는 목회자들이 있었지만 정부의 이런 정책에 대해서는 아무런 행동을 하지 않았습니다.

어느 날 주요 일간지에 전면 광고가 하나 올라 왔습니다. 광고의 핵심 내용은, '예수님께서 태어나신 우리의 친정 같은 이스라엘과 국교를 단절해서는 안 된다' 는 것이었습니다. 시골에서 목회를 하시는 중년 목사님이 자비로 올린 전면 광고였습니다. 당시 절대 권력을 행사하던 중앙정보부에서는 국가 간 수교에 관한 민감한 정책에 공개적으로 반대하는 이 시골 목사를 추적하기 시작했습니다.

한 기도원에서 기도하면서 지내고 있으면, 다른 곳으로 옮기라는 하나님의 음성이 들려 오고, 그 곳을 떠나면 정보부원들이 그 기도원에 몰려 오고, 다른 기도원에서 얼마를 머물면 떠나라고 재촉하시는 음성이 들려 오고, 그 곳을 떠나면 정보원들이 몰려 오기를 반복하면서, 여기저기로 피해 다녔습니다.

몇 년 후, 대한민국은 이스라엘과 다시 국교를 회복하였습니다. 대한민국에 새로 부임한 이스라엘 대사는 이 시골 목사님을 대사관으로 초청하였고, 형제로 환대해 주었습니다. 이스라엘 대사관에서는 이 시골 목사님이 신문에 전면 광고를 낸 것을 알고 있었고, 목사님의 신원과 소재를 이미 파악하고 있었습니다.

성경에서는 이스라엘을 선대하고 이스라엘을 위하여 기도하라고 말씀하고 있습니다. 율법에 빠진 우매한 민족이라고 이스라엘을 비하하는 것은 본 가지를 무시하는 행동입니다. 하나님께서 이스라엘과 맺으신 언약은 예수님께서 다시 오실 때 까지 유효합니다.

정통 유대인들로부터 핍박을 받으면서도 예수님을 메시야로 영접한 유대인들이 모여 이스라엘에 교회를 세우고 있습니다. 성경의 예언이 현실에서 이루어지고 있는 것을 보면서도 외면한다면, 예수를 외면한 유대 종교 지도자들과 다를 것이 없습니다.

빚 진 자

빚 진 것 있으신가요?

크리스천들이 기억해야 할 것이 있습니다. 인류 역사는 4대강 유역 문명을 중심으로 진행되어 온 것이 아닙니다. 또, 인류는 환경보호 단체가 주장하는 기후 변화로 인하여 종말을 맞이하지 않습니다.

하나님께서는 유대인을 역사의 시작과 끝에 놓고 인류 역사를 진행해 오셨습니다. 인류의 역사는 유대인들이 예수 그리스도께서 메시아인 것을 깨닫고 하나님께 돌아오는 것으로 막을 내립니다.

크리스천들은 2,000년 동안 유대인들을 핍박해 왔습니다. 유대인들을 불 타는 회당에 가두어 놓고 회당 주위를 찬송가를 부르며 빙빙 도는 잔인한 학살을 종교 개혁가 마틴 루터와 칼빈이 주도했습니다.

아우슈비츠 수용소의 잔악한 유대인 학살을 알면서도 세상은 반유대주의의 불길을 다시 지피고 있습니다. 반유대주의에 휩쓸리는 어리석은 자가 되지 마세요.

---

* 유대 군인들은 왜 힘 없는 어린 아이들에게 까지 총을 쏴 대는 짓을 하고 있을까요?
　 또, 환자들이 있는 병동에 로켓을 발사하는 전쟁 범죄를 아무렇지도 않게 저지를까요?
　 왜, 유대인들은 순박한 팔레스타인들의 땅을 빼앗는 것도 모자라 저들을 괴롭히고 있나요?
　 유대인들은 정말로 CNN 이 보도하는 것처럼 반인윤적으로 이런 악한 일들을 저지르고 있을까요?
　　　　　　　그렇지 않습니다. 반유대주의자들의 속임수에 넘어가지 마세요.

나도 크리스천

정말 크리스천이세요?

한국인에게 새우젓은 적당한 수분과 염분과 풍미를 갖고 있는 감미료 역할까지 하는 반찬입니다. 서구인들이 먹을 수 있는 것은 굵직한 삶은 새우입니다.

내가 아는 복음과 다르다고 해서 다른 교단이나 교회를 판단하면 큰 오류를 범하게 됩니다. 많은 크리스천들이 자신들의 짧은 신앙 지식과 경험을 근거로 이 오류를 범하고 있습니다.

개인 자격으로 이단연구소를 만드는 경우가 있습니다. 내가 목격한 한 유명한 이단연구소는 이단이 아닌 교회들을 이단으로 몰았습니다. 이 사람에게 이단을 감별하는 자격증이 있는 것도 아닌데, 대다수의 총회에서는 이 이단연구소의 결정을 그대로 수용했습니다.

'예수께서 육신이 되어 이 땅에 오셨고, 나의 죄 값을 지불하시기 위해 십자가에서 죽으셨고, 나를 살리기 위해 부활하셨고, 하나님의 성령을 나에게 보내 주시기 위해 하늘로 올라 가셨다'는 사실이 일치하면 우리 모두는 크리스천입니다.

나는 크리스천입니다!

하나님

복

예수 믿고 복 많이 받으세요!

오복, 칠복, 팔복, 그리고 만복. 옛날 평민들은 자녀들이 복을 많이 받으면 좋겠다 해서 자녀들의 이름을 오복이, 칠복이, 팔복이, 그리고 만복이라고 지었습니다. 이왕이면 만복이 좋겠지요.

대한민국에서는 '복 받으세요' 라고 말을 하는데, 복을 주는 주체가 너무 많아서 선택장애에 걸릴 지경입니다. 장똑신을 믿으면 장똑신이, 조상신을 믿으면 조상신이, 부처를 믿으면 부처가 주체가 됩니다.

미국인들도 '복' 이라는 단어를 즐겨 사용합니다.   *God bless you!* 라고 아예 인삿말로 만들어서 복이라는 단어를 최대한 활용합니다. 복을 주는 주체가 명확하게 유일신 God로 정의되어 있습니다.

성경에는 복을 받는 방법이 너무나 구체적으로 명확하게 기록되어 있습니다. 방법만 있는 것이 아닙니다. 구체적인 성공 사례와 실패 사례 까지, 그리고 전화위복의 사례 까지도 수록되어 있습니다. 여기에 더하여, 복과 유사해 보이지만 잡초에 불과한 **쾌락**의 위험성까지도 경고해 주고 있습니다.

만복의 근원은 하나님이십니다.

여백의 미

서양화에서는 빈 공간을 남기지 않고 화면을 촘촘하게 채웁니다.
동양화에서는 빈 공간을 화면에 적절하게 남겨 놓아야 합니다.
그러면, 마음은 채워야 할까요? 아니면, 마음을 비워야 할까요?

어느 종교에서는 비우라고 합니다.
어느 종교에서는 채우라고 합니다.

마음에 무엇으로든 가득 채우기만 하면 좋을까요?
조심하세요! 무엇이든지 마음에 한 번 들어 가고 나면 다시 빼낼 수
있는 방법은 없습니다. 그래서, 함부로 아무 것이나 채우면 안됩니다.

마음을 무념무상으로 텅 비우는 것이 좋을까요?
조심하세요! 텅 빈 마음에는 마귀들이 떼 지어 몰려 옵니다. 그리고,
마귀들이 일단 마음에 들어 오고 나면 절대로 나가려 하지 않습니다.

하나님께서는 넘치도록 채워 주심으로 비워 주십니다.
무슨 뜻인지 이해가 되시나요? 더러운 물이 가득한 그릇을 깨끗한
물로 지속적으로 채우면 더러운 물이 밀려 나듯이, 하나님의 말씀을
마음에 채우면 사탄의 어두움은 마음 밖으로 밀려 나가게 됩니다.

하나님의 말씀은 진정한 여백의 미를 창조합니다.

역사

하나님께서 진행하시는 인류 역사를 정리 해 볼까요?

아담으로 시작하여, 아브라함에서 새로워지고, 모세에게 승계되어, 다윗에게 이어지고, 예수 그리스도에서 부활되고, 그리고 재림하시는 그리스도로 마무리 됩니다.

이 모든 과정에 유대인이 중심을 차지하고 있습니다. 팩트입니다.

흙수저

아담은 흙으로 만들어 졌습니다.

하나님께서는 흙에 물을 섞어서 무엇이든 하나님께서 원하시는 것을 빚어 만드십니다.
흙으로 그냥 남아 있어도 됩니다. 하나님께서는 흙에 씨를 뿌리시고 열매를 거두십니다.

흙수저 가문이어서 행복합니다.

잘 맡기는 것

글을 잘 써 보려고 하면 횡설수설하게 된다는 것을,
그림을 잘 그리려고 하면 아예 망치게 된다는 것을,
노래를 잘 불러 보려고 하면 흥이 사라진다는 것을,
말을 잘 하려고 하면 진솔함이 빠져 나간다는 것을,
하나님의 일을 잘 해보려 하면 아집이 생기는 것을,
나의 강한 의지를 버리고 맡기는 법을 배워야지요.

지상 최대의 그림

하나님께서는, 하늘을 캔버스로 삼아, 수증기로 온갖 구름을 그리
시고, 바람으로 생동감을 넣으시고, 빛으로 색의 조화를 극대화 시
키시는 가장 위대한 예술가이십니다.

옷자락

어린 아이가 엄마 곁에 바짝 붙어서 엄마의 옷자락을 꼭 쥐고 있습
니다. 이 어린 아이 같이 하나님의 말씀을 꼭 붙들어야 하겠지요!

모르는게 약?

"나는 여호와를 모른다!"

고대 이집트의 통치자 바로가 한 말입니다. 지금 세상은 바로가 그랬던 것처럼 '여호와를 모른다'고 고함치고 있습니다. 사람들은 하나님에 대하여 알려고 하지를 않습니다.

하나님을 아세요?

나는 구원의 소식이 하나님으로 부터 왔음을 믿고 있습니다. 어떻게 믿게 되었냐고요? 성경 말씀을 들음으로서 성경 말씀을 믿게 되었습니다.

좋아하는 연예인이 있으면 그 연예인에 관련된 자료를 수집하게 됩니다. 그 연예인이 무엇을 좋아하는지, 누구와 사귀는지, 최근 무슨 일이 있었는지 알게 됩니다.

하나님이 연예인만 못하겠습니까? 하나님을 사랑하는 것은 감히 엄두를 낼 수 없지만 하나님을 알기 위해 힘 써야 합니다. 하나님을 알려고 하지 않는 사람에게 하나님은 자신을 드러내지 않습니다.

"내가 주를 섬기나이다!"

스릴

스피드를 즐기시나요?

나는 스피드를 즐깁니다, 그것도 매일. 내가 즐기는 스피드는 규모가 아주 큽니다. 지구는 매일 한 바퀴씩 엄청나게 빠른 속도로 회전을 하고 있으니 나는 거져 엄청난 스피드를 즐기고 있는 셈이죠.

나는 스피드와 함께 스릴도 즐깁니다. 지구에 거꾸로 매달려서 이것저것 다 합니다. 차도 운전하고, 밥도 먹고, 잠도 잡니다. 중력에 감사하고 있습니다.

다른 사람들은 나 처럼 스피드와 스릴을 즐기지 못하는 것 같습니다. 그러니 식스플랙 매직마운틴을 찾아 조그마한 쇳덩어리에 매달려 소리를 질러대는 것입니다. 어떤 이는 번지점프를 해야 스피드와 스릴을 즐기는 것인 줄 알고 있습니다.

많은 사람들이 하나님 안에서 살지 못하는 연고로, 가치가 없어 보이는 것들을 찾아 이리저리 중심 없이 돌아 다니고 있습니다. 하나님이 너무 너무 커서 부담이 되긴 하지만, 조금만 적응을 하면 하나님 안에 있는 것이 절대 안전 기쁨입니다.

하나님 안에서 즐기세요.

무지개

무지개를 찾아 떠나는 소년의 이야기를 아시는지요?

모든 종교는 무지개를 잡으라고 합니다. 그래서 산을 넘고, 또 넘고, 또 넘습니다. 그런데 저 멀리 산 정상에 먼저 도달한 사람이 소리치기를 무지개를 잡으려면 산을 더 넘어야 한답니다.

가장 가까운 곳에 있습니다. 하나님께서는 모든 것을 나와 가장 가까운 곳에 두시었습니다. 하나님이 보이지 않는다고 투덜대는 사람들이 있는데, 하나님도 나와 가장 가까운 곳에 계십니다.

자상하신 하나님께서는 무한대로 커서 보이지 않는 당신을 우리 눈에 보이도록 만들어 주셨는데, 그 분이 예수 그리스도이십니다. 예수 그리스도도 잘 보이지 않는다고요? 그럴 줄 알고 하나님께서는 부모와 선한 목자를 우리 곁에 두시고 우리를 보살펴 주십니다.

'하나님이 어디 있어!', '하나님이 있으면 데려와 봐!'

'하나님이 어디 있어!', '하나님이 있으면 데려와 봐!'
라고 말하는 사람을 만드신 분이 하나님이십니다.

하나님께서는 이미 오래 전에 나를 찾아 오셨습니다.

모로가도

모로 가도 서울로만 가면 되나요?

내가 알고 있는 어느 기술자는 상황과 여건에 적합한 최상의 노하우를 찾기 위해서 항상 새로운 방법과 재료를 찾는 일에 시간, 노고, 물질을 투자합니다. 때로는 같은 일을 정반대의 방법으로 해 보기도 합니다. 많은 노하우를 갖고 있는 이 기술자는 더 효율적인 새로운 노하우를 찾으면 낡은 노하우는 아무 미련 없이 버립니다.

하나님의 방법이라고 들어 보셨는지요?

하나님의 방법은 모든 발생 가능한 상황과 여건을 완벽하게 초월합니다. 하나님의 방법을 작동시키려면 한 가지 조건이 충족 되어야 합니다. 나의 방법들을 완전히 포기하는 것입니다. 나의 방법을 고집하면 하나님의 방법은 작동불능이 되어 버립니다.

성경에는 특이한 하나님의 방법들이 많이 기록되어 있는데, 이상해 보일 수도 있는 이 방법에 순종하는 사람이 있는가 하면 자기 생각을 고집하는 사람들도 많이 등장합니다. 성경에는 이 두 부류의 사람들이 각기 어떤 결과에 이르는지도 자세하게 설명해 주고 있습니다.

모로 가지 않아도 서울에 갈 수 있습니다.

하나님의 음성

하나님의 음성을 들어 보셨나요?

차가운 바람에 눈이 섞여 내리던 어느 겨울, 중이 절로 돌아가던 중 얼어붙은 강을 건너게 되었습니다. 강 중간 지점을 지났을 무렵, 발 밑에서 얼음이 갈라지는 소리가 들려 왔습니다. 중은 엉겁결에 얼음 위에 무릎을 꿇고 '하나님'을 찾았답니다.

말씀으로 온 우주를 창조하신 하나님께서는 지금도 각 개인에게 개별적으로 중요한 무언가를 말씀하시고 계십니다. 하나님의 음성을 들어 본 적이 없다고요?   자상하신 하나님께서는 귀가 둔한 우리를 위해 들을 수 있는 통로를 만들어 놓으셨습니다.

성경의 말씀입니다.
교회의 목자입니다.
가정의 부모입니다.

우리는 말씀을 읽고 그 말씀을 **깊이** 묵상하고, **증험**과 성취함이 있는 목자의 말씀을 귀담아 들을 줄 알고, **하나님을 섬기는** 부모님의 말씀을 소중하게 받아 들여야 합니다. 귀를 틀어 막지 마세요.

이제 하나님의 음성이 들리시나요?

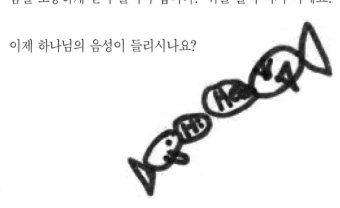

비밀

당신의 비밀은 무엇인가요?

비밀은 아주 가까운 사이에서 만들어집니다. 긴밀한 관계에 틈이 벌어지게 되면 나의 비밀은 숨겨야 할 비밀로 변질됩니다. 선악과를 훔쳐먹고 숨은 아담처럼 하나님께 숨겨야 할 비밀이 있으신가요?

하나님은 신비스럽고 은밀하신 분이십니다. 호들갑을 떠는 사람은 은밀하신 하나님을 만날 수 없습니다. 요란스러운 사람은 하나님께서 주신 말씀 속의 비밀을 알지 못합니다.

은밀하신 하나님의 음성은 은은하지만 아주 또렷합니다. 하나님의 음성은 부드럽지만 모든 것을 뚫고 나가는 힘이 있습니다. 믿음의 선배들이 들었던 하나님의 음성이 들리시나요?

은은하게 들리는 또 다른 소리가 있습니다. 마음 속에 무성하게 자란 잡초 뒤에 숨어서 음흉하게 속살거리는 마귀들이 있습니다. 마귀의 음성과 하나님의 음성을 구별하세요.*

비밀을 들을 귀가 있으신가요?

* 목자는 양의 울음 소리를 알고, 양은 목자의 음성을 듣습니다.

할렐루야!

'할렐루야'를 자주 웅얼거리시나요?

천국의 백성들이 천국의 관람석에서 우리들을 내려다 보고 있습니다. 이 세상은 로마 콜로세움 같은 결투장이고, 우리들은 마귀들과 싸우는 전투사들입니다. 우리들이 마귀들의 속임수에 넘어가거나, 지쳐 한탄하고 있으면, 천국의 관람객들은 안타까워 합니다. 우리들이 마귀들의 흉계와 칼날에 굴하지 않고, 피를 흘리면서 까지 악전고투를 하고, 동료 투사들과 합력하여 싸우는 모습을 보면 천국에서는 목소리를 높여 응원을 합니다.

"할렐루야!!!"

마귀의 사주를 받아, 마귀들과 싸우는 전투사들의 칼을 무디게 하고, 갑옷의 이음새를 끊어 버리고, 군화 끈을 숨기고, 방패를 감추고, 투구를 훔쳐가고, 벨트를 바꿔치기하는 마귀의 심부름꾼들이 있습니다. 교회 안에 있는 가라지들입니다. 목사, 장로, 권사, 집사의 직분을 갖고 있지만 이들의 임무는 하나님의 군대를 오합지졸로 만드는 것입니다.

* 김 빠진 사이다 처럼 힘 없이 습관적으로 할렐루야를 말하는 것, 이제 정말 듣기가 거북하다 못해 강한 거부감이 생깁니다.

독대

워렌 버핏과 식사를 해 보셨나요?

워렌 버핏과 점심 식사를 하려면 3백만불 이상을 지불해야 한답니다.*
그것도 지독하게 운이 좋아야 차례가 온답니다. 일 년에 단 한 차례
만 하기 때문입니다.

워렌 버핏과 식사를 하면서 주식에 관련된 것만 제외하고 무슨 질문
이든 할 수 있는데, 이 질문 시간에 얻는 정보는 300만불 이상의 수
익을 만들어 낸답니다.

웨렌 버핏과 점심식사를 하고 싶으신가요? 메뉴판을 읽지는 못했는
데, 짐작컨데 식사 메뉴는 스테이크를 메인으로 하고, 약간의 야채,
식사 전후의 부담 없는 디저트, 그리고 꽤 오래 묵은 붉은 포도주가
나올 것 같습니다.

인류 역사에서 최고의 식사로 평가 받는 것은 최후의 만찬이고, 흉내
낼 수 없는 최고의 미슐렝 식사는 오병이어입니다. GMO 아니고, 첨
가물 없고, 방부제 없고, 식용색소 없는, 신토불이, 유기농, 천연재료
인 만나에 메추리를 곁들이면 금상첨화입니다.

하나님과의 만찬을 놓치지 마세요.

* 2020년 기준.

교제

부모님들과 소통이 잘 되고 있나요?

'하나님 어머니' 라는 표현은 사용하지 않지만, 성경에서 만나게 되는 하나님은 어머니 같이 포근하신 분이십니다. 당신의 자녀들을 낳으시고, 기르시고, 대신해서 죽으신 따스하신 분이십니다.

하나님께 붙는 '아버지' 라는 수식어는 '절대 권위의 소유자' 라는 의미입니다. 이 위대하신 절대자께서 나의 아버지가 되신다니 어깨를 들썩거리고 싶어 집니다.

부모님과 소통이 잘 되는 자녀들은 부모님을 자주 찾아 뵙고, 부모님 마음 편하게 잔소리도 잘 들어 드리고, 부모님이 내게 주신 몸이 상하지 않도록 주의하고, 부모님께 용돈도 자주 드리고, 손자 손녀 자주 보여 드리고, ... 합니다.

아버지 어머니 되시는 하나님과 좀 더 나은 소통을 원하시나요? 육신의 부모님과 소통하는 방법을 그대로 적용하면 됩니다. 다만, 소통의 물꼬를 먼저 터 놓아야 합니다. 소통의 물꼬는 예수 그리스도 이십니다.

하나님과 소통이 잘 되어야 합니다.

도움

도움이 필요하세요?

뱃멀미 날 때, 상한 간장게장을 먹고 난 뒤 속이 뒤틀릴 때, 날카로운 나무 조각이 손톱 밑으로 파고 들어 올 때, 코가 막히고 목에 가래가 차서 숨 쉬기가 어려울 때, 뼈 관절이 잘라내 버리고 싶을 정도로 쑤실 때, 세상 모든 것이 버거워 우울증에 빠져 있을 때, 추방통지는 이미 받았고 집행관이 올 날을 무작정 기다리고 있을 때, 굶어죽는다는 것이 이런 것이구나 라고 스스로 확인하고 있을 때, 자녀들이 절망적인 상황 속으로 빠져 들어가고 있을 때, 고속도로에서 빗길에 미끄러지고 있는 차 안에 내가 있을 때, 입 안에 머물러 있어야 될 말이 이미 상대방의 귓구멍 안으로 들어가 버렸을 때, ...

인간의 수명이 길어져서 이제는 환갑이라는 것이 별 의미를 갖지 못합니다. 그래도 60년 정도 살게 되면, 자신의 인생을 한 번 쯤 돌아보게 됩니다. 그리고 발견하게 되는 것이 있습니다. 60년 동안 살아 온 것이 나의 힘으로 된 것은 아니었다 라는 사실입니다. 그 만큼 60년 인생에는 나의 힘으로 감당될 수 없는 수 많은 고난과 예측불허의 일들이 있었습니다. 누군가 나의 인생을 주무르시는 분이 있었습니다.

하나님이 계십니다.

신종사기

중도를 취하시나요?

요즈음 크리스천들은 포용력이 좋습니다. 세상의 법과 하나님의 법을 구별하지 않고 적당히 뒤섞어 자비와 양선을 베풀려고 합니다.

크리스천들이 중도에 비중을 두고 많은 것들을 수용하기 시작하자 이 순간을 학수고대 했던 마귀들이 틈새로 들어오기 시작했습니다.

사탄은 전체를 무너뜨리려고 애 쓰는 바보가 아닙니다. 0.1mm 크기의 구멍만 뚫리면 됩니다. 일단 구멍만 뚫리면 큰 댐이 무너지는 것은 정해진 수순입니다.

사탄은 중도라는 신종 사기행각을 벌이고 있습니다. 하나님의 법과 사람의 법을 중도라는 명분으로 섞어 놓아 하나님의 법을 격하시켜 버립니다.

뒤범벅 잡탕인 중도를 폐기해야 합니다. 오물과 생수를 섞으면 그 물은 이미 마실 수 없는 물입니다. 하나님의 말씀 안에서 조화로운 중도를 취해야 합니다.

중도를 취해야 합니다!

자유

오래 전 도심 외곽 언덕 자락에 살던 때의 일입니다.

코요테 한 마리가 민가에 내려 왔습니다. 민가에서 기르던 멍멍이들이 처음에는 마구 짖어대다가 서서히 꼬리를 흔들면서 코요테에게 다가갑니다. 생김새가 여우처럼 날카롭지만 여우보다는 늑대에 가까운 것이 나의 친구가 될 수 있을 것 같아 보입니다. 말을 나눠보니 취향도 비슷해 보입니다. 잠시 후 막역한 친구처럼 들판을 자유롭게(?) 뛰어 다닙니다.

멍멍이는 코요테를 따라 신나게 달립니다. 매일 주인 눈치만 보고 집 뒷마당 뜰에 갇혀 있었던 것을 생각하니 억울했겠지요. 이제 내 마음을 알아주는 새 친구도 생겼습니다. 한참을 달려 민가에서 꽤 멀리 떨어진 숲 근처에 이르렀습니다. 그 곳에 코요테들 여럿이 미리 와서 기다리고 있었습니다. 멍멍이는 코요테들의 맛 있는 식사 메뉴가 되어 버렸습니다.

예수 그리스도께로 빨리 돌아 오세요.

신기루

물건을 사면 만족감을 느끼시나요?

아주 오래 전, 잠실 롯데월드 전자제품 코너 한 편에 당시 대한민국 전체에서 몇 군데 밖에 없던 맥 컴퓨터 판매점이 있었습니다. 맥 컴퓨터에 한 번 눈이 꽂히고 난 뒤 결국에는 그 터무니 없이 비싼 맥 컴퓨터를 사고야 말았습니다. 그 뒤로 죽도록 사고 싶은 물건들을 몇 번 더 사고 보니까, 욕심 나는 물건은 욕망의 불덩어리를 잠시 식혀 주는 담배 한 개피 같은 것에 불과하다는 것을 알게 되더군요.

너무나 사고 싶은 물건에 마음이 꽂히면 무엇을 해도 마음은 사고 싶은 물건에 온통 잡혀 있게 됩니다. 꼭 사고 싶은 것을 막상 구입하고 나면 그 욕구는 신기루처럼 사라져 버립니다. 그리고 잠시 후 새 신기루가 마음에 등장하게 됩니다. 우리는 쉼 없이 신기루를 쫓아 사는 사람들입니다. 마귀는 신기루의 뒤에 숨어 우리를 물 없는 사막 안에서 쓰러질 때 까지 헤매이게 합니다.

5,000 만불 짜리 맨션에 살면 행복할 것 같은가요? * 인생에서 이런 저런 온갖 많은 것을 누려도 진정한 만족감을 얻지 못합니다. 진정한 만족감은 나를 창조하신 하나님을 만날 때 누리게 됩니다.

하나님과 동행하면 만족도 100 %✝ 입니다.

---

* 내가 만나 본 갑부들 중 하나가 소유한 비벌리 힐즈 인근 맨션의 가격을 물어보니 건축물 가격은 언급하지 않고 부지 값만 알려 주었습니다. $20,000,000. 남편은 이란에서 이민 온 갑부였고 아내는 저명한 화가였지만, 이 맨션의 일부를 맡아 한 달 동안 일을 하면서 매일 마주친 그들 부부는 일반 서민들보다 행복해 보였을까요 ...

경외

당신은 무엇이 무서운가요?

거울을 바라보고 있는 나의 등 뒤로 홍채 없는 얼굴이 나타날 것 같아 무서우신가요, 점점 어두워져 가는 깊은 터널 속으로 자꾸만 미끄러져 내려가는 무서운 꿈을 꾸셨나요, 은행 잔고는 바닥이 나고 직장이 문을 닫게 되었나요, 말로만 듣던 말기 암이 모르는 사이에 엄습해 버렸나요, 신앙의 변절자가 되기를 강요하는 극한 환경에 있으신가요, 지금 죽어가고 있는 중이어서 무서움 속에 있으신가요, 혹시 지옥으로 떨어지면 어쩌나 하고 무서움에 떨고 있나요?

공포 영화를 보기 위해 컴컴한 극장 안으로 더듬거리면서 들어가면 장면 장면마다 여성들의 히스테리컬한 비명 소리가 관람석에서 터져 나옵니다. 인생은 공포영화가 아닙니다. 실전입니다.

최악의 공포는 예수님 없이 이 세상을 떠나는 날 부터 상영됩니다.

태양이 떠 오르면 아침 안개가 순식간에 사라지듯이, 하나님께서는 무서움이라는 존재 자체를 흔적 없이 사라지게 하시는 경외로우신 분이십니다.

하나님을 경외해야 합니다!

전권이양

우리들은 믿음을 성장시켜 보려고 합니다.

오랜 동안 교육부의 교육 평가 시스템을 입안하고 자문 역할을 맡아 오셨던 교수님의 강의가 생각납니다. 산술적인 교육 평가가 갖고 있는 한계를 지적하시면서 더하시기를, 한계가 있지만 현실적으로 산술 평가보다 더 보편 타당성이 있고 물의 없이 실행할 수 있는 평가 방법이 있겠는가 라고 되 물으셨습니다.

우리들은 모든 것이 산술적으로 평가되는 환경 속에서 살아가고 있습니다. 신앙 생활을 하면서도 산술적인 세상 방식으로 살아 갑니다. 급기야는 믿음도 산술적인 방식으로 정의하려 합니다. 여호와께서 나의 구원자가 되신다고 시인하는 것은 물질 세계의 가감승제에서 나오지 않습니다.

하나님께서는 믿음으로 살아가는 아브라함의 인생 여정을 보여 주시면서 우리도 믿음으로 살아갈 수 있게 되기를 원하십니다. 아브라함의 믿음으로 인하여 그의 자녀들이 언약의 백성이 된 것처럼 우리의 믿음으로 인하여 우리의 자녀들도 언약의 백성이 될 수 있습니다. 신앙은 주판 알을 두드리는 것이 아닙니다.

하나님께 전권을 이양하는 것이 믿음입니다.

믿음의 방정식

믿음이란 무엇일까요?

이 질문을 현대 크리스천들에게 던지면 믿음에 대해 나름대로 열심히 열변을 토할 겁니다. 그 만큼 뭔가 믿음에 대해 할 말들이 많다는 것이겠지요.

'믿음'이라는 말을 들으면 대부분 '믿음 = 능력 + @'의 복잡한 방정식을 생각합니다. 믿음의 공식은 의외로 단순합니다.

푸근한 하나님의 품 안에 내가 던져지는 것이 믿음입니다.

내가 범죄할 때 교인들은 말씀을 들먹거리면서 내게 임할 징계를 나열하지만 하나님께서는 나의 어깨를 토닥 거리시면서 위로하십니다.

홍해를 가르고, 여리고 성이 무너지고, 골리앗이 쓰러지고, 부활하신 메시아를 만나고, 육일전쟁에서 승리하고, 이 외로도 대단한 믿음의 소유자들이 많습니다. 나는 너무 너무 부족하지만 나의 부족함이 발견 될수록 나는 더욱 더 하나님께 의지하게 됩니다.

발을 쭉 뻗고 하나님의 무릎 위에 누워 봅시다.

하나님 만나기

어떻게 해야 하나님을 만날 수 있을까요?

첫째로, 하나님의 은혜가 있어야 합니다. 인간이 무슨 수로 하나님을 만날 수 있겠습니까? 하나님께서 보내 주시는 초청장이 있어야 합니다. 은혜는 하나님의 초청장입니다.

둘째로, 마음에 평강이 있어야 합니다. 예수님께서 부활하신 후 다락방에 모여 있던 제자들에게 나타나시어서 맨 처음 하신 말씀이 평강입니다. 은혜를 받으면 깊은 평강을 경험하게 됩니다.

임종의 시간이 되면 더 더욱 은혜와 평강이 있어야 합니다. 임종하는 분이 은혜와 평강을 유지할 수 있도록 도와 주어야 합니다. 평강을 깨뜨리려는 마귀를 찬송으로 쫓아내고, 하나님의 은혜로 천국으로 입성하기를 간구해야 합니다.

그러고 보니, 서신서의 저자들도 서신 서두에서 수신자들에게 하나님의 은혜와 평강이 임하기를 간구하고 있습니다. 확인해 보실까요.

"은혜와 평강" (고전, 고후),　　"은혜와 평강" (갈) ,　　"은혜와 평강" (엡) ,
"은혜와 평강" (살전, 살후),　　"은혜와 평강" (골),　　"은혜와 긍휼과 평강" (딤전,딤후),
"은혜와 평강" (벧전, 벧후),　　"은혜와 평강" (딛),　　"은혜와 긍휼과 평강" (요이).

선한 행위로 하나님을 만날 생각은 버리세요!

주인과 종

하나님의 종은 누구일까?

직원들 중에는 유난히 고집이 센 체질이 있습니다. 자기 주장이 다소 강한 것은 개별적 특성으로 인정할 수 있지만, 방향을 결정하는 보스를 따를 수 없고, 시행착오를 수 없이 겪은 선임자의 의견을 수렴할 수 없는 직원은 결국에는 회사를 떠나야 합니다.

종은 주인의 뜻을 따릅니다. 그래야 종입니다. 종이 자기 뜻을 관철하려고 한다면 이미 종 되기를 거부하는 것 아닌가요. 그런데 종이 스스로 종 되기를 포기할 수 있나요? 이런 종은 뜻을 바꿀 때까지 징계를 받습니다. 그래도 안 되면 어떻게 될까요? 죽임을 당하지 않나요?

교인들이 말하기를 하나님은 주(인님이시)고 자신들은 종이랍니다. '주여, 주여!' 하는데 별 생각 없이 그저 습관적으로 되뇌이는 것으로 보입니다.

하나님의 뜻을 따라서
하나님을 따르는 것이

하나님의 종 입니다.

천국

무릉도원

이 세상에 무릉도원은 없는 것일까요?

진한 복사꽃 향기가 가득하고, 연한 핑크빛의 복사꽃들이 만발한 언덕 중앙에 있는 천도 복숭아를 한 입만 먹으면 영생불사 한다고 합니다. 손오공이 먹었다는 바로 그 열매입니다. 이 신비로운 무릉도원은 어디에 있을까요?

죽기 전에 꼭 가 보아야 한다는 중국의 황산도 3일 이상 있으면 먹을 것이 없어 뛰쳐 나와야 합니다. 아름다운 항구 도시 샌프란시스코는 LGBTQIA 들로 득실거립니다. 그렇다면, 자연에 동화하면서 천연의 삶을 살고 있는 나라 부탄이 정말 무릉도원일까요? 아니면, 북유럽의 대표적 복지국가 핀란드가 무릉도원일까요?

어느 노승의 말에 따르면, 무릉도원이 사탄의 침략을 받아 무너지기 직전에 부처가 손을 펴서 무릉도원을 구해줬답니다. 마귀들이 화살을 소나기 처럼 쏘자 부처는 그 화살들을 꽃송이로 변화시켜 버렸다네요. 부처는 천국이 어디에 있는지 알고 있는 것 같은데, 왜 무지한 중생들에게 시원스럽게 말을 해 주지 않고 선문답을 하는지... 하나님께서는 자녀들에게는 직설적으로 말씀하십니다.

천국 백성들이 모이는 교회로 오세요!

문

많은 문이 있습니다.

이 땅에 나올 때 우리는 어머니의 태의 문을 통과해야 합니다. 그리고 인생을 살아가면서 헤아릴 수 없이 많은 문들을 통과하게 됩니다. 마지막에는 우리 시신 위로 관뚜껑 문이 닫히게 됩니다.

그러면, 관 뚜껑이 마지막 문일까요? 관 뚜껑이 닫히는 순간 세상의 빛은 사라지고 어두운 흑암의 공간이 기다리게 되는데, 이 어두운 흑암의 공간을 천사의 도움을 받아 측정할 수 없는 엄청난 속도로 솟구쳐 올라가면, 마지막 문인 천국 문이 눈 앞에 펼쳐지게 됩니다.

이 천국문이 우리 모두가 들어가야 할 마지막 문입니다. 천국 문 입구에 서 있으면 천사가 내 인생의 스크롤을 읽고 입장 여부를 결정하는 것은 영화의 한 장면일 뿐입니다. 천국 문을 통과할 수 없는 사람은 천사가 아예 천국 문으로 데려오지 않습니다.

사람이 영의 세계에 들어가면 더 이상 시공간의 제한을 받지 않고, 자석에 끌리듯이 내 영과 성향이 같은 영의 세계로 향하게 됩니다. 이 땅에서 천국 성향의 삶을 살아야 천국 문으로 들어가게 됩니다.

천국 문으로 들어가세요.

천국

어느 목사님의 젊은 시절 이야기입니다.

죽음의 문턱에서 하나님의 도우심으로 기적적으로 살아나고, 사도 바울이 보았던 천국을 가사상태에서 다녀 오고, 예수님을 뵙고, 말씀을 전하면 놀라운 능력이 나타나던 젊은 시절, 목사님은 당당 했습니다. 이 목사님에게 어느 날 하나님의 분명한 음성이 들렸습니다. 너는 지금 그 상태로는 천국에 들어오지 못한다는 것이었습니다.

목사님은 그 이후로 달라졌습니다. 내 보기에 합당해 보이는 삶에서 하나님 보시기에 합당한 하나님의 사람으로 바뀌어져 갔습니다. 이런 삶은 때로는 다른 목회자들에게 오해를 사기도 했지만, 목사님은 그 길을 포기하지 않았습니다. 목사님이 천국에서 본 자신의 면류관은 절대로 놓칠 수 없는 지극히 아름다운 상급이었습니다.

"천국엔 누가 들어 가나요?"

이 심각한 질문에 교회에서는 '당신은 이미 구원을 받았습니다.' 라고 대답합니다. 때로는 모호한 근거를 들면서 천국 백성이 되었음을 확신시켜 주려 합니다. 감정 섞인 확신은 믿음이 아닙니다.

나의 믿음을 검증하고 확증해야 합니다.

심판

심판대 앞에 서 있다고 가정합시다.

심판대에서 목자들이 점검받는 것은 하나님께서 맡기신 양들을 얼마나 잘 목양했는가 하는 것입니다.

심판대에서 양들이 점검받는 것은 하나님께서 보내신 선한 목자에게 얼마나 잘 순종했는가 하는 것입니다.

목자는 내 생각이 아닌 하나님의 인도하심을 따라 목양해야 합니다. 양이 병들거나 다치면 목자는 직무유기의 책임을 피할 수 없습니다.

혹시 목자에게 치받고 덤벼 드시나요? 그러면 불순종인데... 만일 그렇다면, 어쩌면 당신은 염소일지도 모릅니다.

목회자의 목양 보고서는 천사들이 작성하여 하나님께 제출됩니다. 천사들이 작성한 보고서에는 내가 양인지 염소인지 적혀 있습니다.

목양의 결산 보고서에 대한 회계감사를 두려워 해야 할까요 아니면, 기쁨으로 고대해야 할까요. 스스로를 돌아 보아야 합니다.

심판대 앞에 담대하게 설 수 있어야 합니다.

666

666을 아시나요?

말세라는 단어와 함께 등장하는 숫자가 있습니다. 짐승의 표 666입니다. 말세의 상징이 된 이 숫자를 모르는 사람은 없습니다. 666은 많은 것을 포함합니다. 적그리스도의 통치, 재앙과 저주의 상징, 배교의 무리들, 신앙과 불신앙의 척도, …

666 시스템은 지금 당장이라도 실행할 수 있을 정도로 기술적으로 모든 준비가 완료되어 있습니다. 다만, 미국 크리스천들의 반발을 우려하여 조심스럽게 초기 시행 중입니다. 미국 크리스천들의 결집력이 약해지면 666 표식은 곧 바로 강제 시행됩니다.

666을 받은 자는 예수 그리스도 일지라도 구원을 하실 수 없습니다. 절대자 예수 그리스도를 영접했는데 그깟 칩 하나를 받는다고 무슨 영향을 받겠냐고요?

'예수님을 그리스도로 영접함으로 구원에 이른다' 는 말씀이 성경에 기록되어 있는 것처럼, '짐승의 표를 받으면 구원에 이르지 못한다' 는 말씀도 성경에 기록되어 있습니다.

속지 마세요.

완벽

완벽한 인간을 찾으시나요?

용기 있는 의지, 날카로운 분석, 정의로운 목표, 행동하는 지성,
공감하는 감성, 강력한 추진력, 기발한 창의력, 넘쳐나는 지력,
바른 양심, 흠 없는 도덕성, 천재적 예술성, 탁월한 지도력, ...
이 모든 것들을 갖춘 완벽한 인간을 보신 적이 있나요?

공자, 달마, 프란체스코, 나이팅게일, 간디, 링컨, 이 이, 한경직, 등
나열을 해보지만 허물이라는 그물에는 예외 없이 다 걸리네요. 이
세상에서 살았던, 그리고 살고 있는 모든 사람들은 허물에서 자유로
울 수 없습니다.

이 세상에 문제 없고 결점 없는 것은 없습니다. '완벽'이라는 단어
는 존재하지만 '완벽한 것'은 이 세상에 존재하지 않습니다. 딱 하
나 있는데, '죄 없는' 예수님이십니다.

크리스천들은 예수 그리스도를 통해서 서서히 완성된 모습으로 변해
갑니다. 그리고, 이 세상을 떠나는 날, 번데기 껍질을 벗고 나비가
세상에 나오듯이 완전한 천국 백성으로 변신하게 됩니다.

완벽은 천국에서만 통용되는 단어입니다.

천국 방문기

천국에 가 보셨나요?

내가 아는 목사님이 전쟁터에서 총상을 입고 가사 상태에서 다녀 온 천국은; 말로 설명할 수 없고, 설명을 해도 듣는 자가 이해할 수 없고, 천국에 다녀올 때 몸 안에 있었는지 몸 밖에 있었는지 알 수 없었고, 천국의 면류관은 너무 고귀해서 절대로 포기할 수 없었습니다.

교인들 중에 지옥 방문기를 읽지 않은 사람은 없을 겁니다. 지옥 방문기를 읽고 났을 때의 그 섬뜩하고 역겨운 느낌이 기억 나시나요? 신앙의 경계를 삼기 위해 끔찍한 지옥의 모습을 알려 주는 것이라고 말하지만, 나에게는 고향 천국에 대한 소망 만으로도 신앙 생활에 충분한 자극이 되었습니다.

나는 예수님의 이 땅에서의 모습을 보았다는 목사님 한 분과 주일학교 여자 아이와 대화를 해 본 적이 있습니다. 그들이 묘사한 예수님의 모습은, 눈부신 흰 옷을 입으셨고, 눈이 부리부리하고, 키가 크며 건장하고, 강인한 야성미가 넘치고, 목소리가 아주 우렁차고, 당당하고, 남성미 가득한 분이셨습니다. 천국에 가면 이 예수님을 만날 수 있습니다.

천국에 소망을 두세요.

신앙의 나이

'시절이'를 아시나요?

시절이라는 단어는 충청도 사투리인데, 상황에 맞지 않는 뚱딴지 같은 말과 행동을 하는 사람을 말합니다. 일종의 푼수입니다. 어른이 되어서도 언행이 유치원생 같으면 시절이가 됩니다.

갓 태어난 아기는 초신자입니다. 말씀을 먹다 보면 어느덧 유치원에 들어 갈 나이가 됩니다. 이제는 단단한 말씀도 먹고 기도도 하고 전도도 하면서 초등학교를 졸업합니다.

신앙 생활을 잘 하던 아이가 반항적이 되는 신앙의 사춘기도 있습니다. 잠시 기다리면 사춘기는 끝나고 성숙한 청년으로 서게 됩니다. 그리고 새 신자를 이끌어 가는 장성한 신앙인이 됩니다.

좀 더 시간이 지나면 백발이 되어 영화의 면류관이라는 말을 듣게 됩니다. 자랑스런 백발이니 염색할 필요가 없겠지요? 그래도 조심하세요. 잘 나가다가 노망이 드는 경우가 간혹 없지 않으니까요.

신앙이 성장하지 않고 제자리에 오랫동안 머무르면 시절이가 됩니다.

나이 값을 해야 합니다.

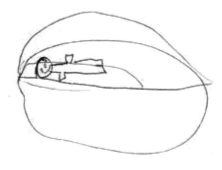

반열

지금 어느 곳에 있나요?

대통령이 집전하는 파티석상에는 귀빈을 위한 특별석이 예비되어 있습니다. 공연장 좌석들엔 지정 번호가 있습니다. 지정된 좌석번호가 없어도 지하철 전동차 안에는 자기만의 공간이 있습니다. 사람들이 있는 곳에는 어떤 형태로든 정해진 자리가 있습니다.

천국의 잔치에 초대 된 사람들은 어떤 자리에 있을까요?

천국에서는 반열을 따라 서게 됩니다. 이 땅에서 내가 섬기던 내 교회가 내가 서게 될 반열입니다. 제일 앞에는 교회 목회자가 서고 그 뒤에 성도들이 서게 됩니다.

순교자들의 반열은 하나님 보좌 제일 가까운 쪽에 특별석으로 만들어져 있습니다. 이 땅에서 하나님을 기쁘시게 한 것 없이 간신히 구원을 얻은 성도는 어디에 서 있게 될까요?

천국에는 귀천은 없지만 구별은 있는데, 예수님과 얼마나 가까운 곳에 있는가로 결정됩니다. 면류관을 쓰고 예수님 가까이 서 있는 것이 천국에서의 영광입니다.

나는 어느 곳에 서게 될까요?

복음문화

현대는 문화 전쟁의 시대입니다.

이 세상은 캄캄한 흑암입니다. 하나님을 떠난 인간들이 흑암 문화의 강물에 빠져 하류로 떠내려 가고 있습니다. 강물이 끝나는 곳에는 절벽이 있어 모든 것들을 깊은 흑암으로 떨어 뜨립니다.

어두운 강물 위로 각양각색의 복음 문화의 배들이 떠 다닙니다. 물에서 허우적대는 사람들을 향하여 우리 배로 올라 오라고 안타깝게 부르며 배 위로 건져 올립니다.

어떤 이는 무시무시한 물속에 뛰어 들어 누군가를 건져오기도 합니다. 복음문화의 배는 강물에 빠진 사람들을 하나 둘씩 건져 올리면서 어두운 강물을 거슬러 올라 갑니다.

문화의 중심에서 방향을 결정하는 문학, 개척의 선봉장 역할을 하는 미술, 문화에 생동감을 부여하는 음악, 모든 것을 격조 있게 끌어 가는 연극, 문화의 레벨을 대중의 눈높이에 맞춘 대중문화, ...

* '강남스타일' 이나 '오징어 게임' 이 비성경적이라고 비난하시나요? 저들은 자신들이 추구하는 대중 문화 증진을 위해 나름대로 애쓰는 사람들입니다. 문제는 저속한 대중문화를 만드는 저들이 아니고 복음 문화를 위해 아무런 일도 하지 않는 크리스천 예술인들 아닌가요?

장애물 경기

1. 모든 장애물을 잘 숙지하고 있어야 합니다 (지식).
2. 무지막지하게 달리기만 하는 것이 아닙니다 (지혜).
3. 점프와 착지 할 지점을 잘 찾아야 합니다 (분별).
4. 너무 긴장하거나 당황하면 좋지 않습니다 (평강).
5. 우쭐해 있으면 실패할 확률이 높아집니다 (겸손).
6. 나의 트랙만을 봐야 합니다 (판단 및 정죄 금물).
7. 뛰어 넘어야 할 장애물은 하나가 아닙니다 (인내).
8. 초심을 잃지 말고 끝까지 달려야 합니다 (충성).
9. 높낮이에 따라 힘을 잘 조절해야 합니다 (온유).
10. 모든 해당 경기 규칙을 준수해야 합니다 (순종).
11. 달리는 것 이외의 일체 행동은 금물입니다 (절제).
12. 결승점에 도달하면 상을 받을 수 있습니다 (감사).

껄 껄 껄

자녀들을 좀 더 안아줄 껄, 부모님이 살아 계셨을 때 잘 해 드릴 껄, 아내에게 좀 더 잘 해 줄 껄, 주위를 좀 더 돌아볼 껄, … 후회가 너무 깊어지면 우울증으로 그리고 자살로 이어집니다. 성경은 후회가 아닌 회개라는 길을 제시하고 있습니다.

탯줄

"검은 머리가 파뿌리가 되도록 백년회로 하기를."

성경은 '남자가 부모를 떠나 아내와 한 몸이 되어야 한다'고 결혼을 규정하고 있습니다. 남자가 결혼을 하려면 첫 단계로 해야 할 일이 탯줄을 잘라 주신 부모를 떠나는 것입니다.*

새로운 세포가 만들어 지려면 기존의 세포에서 분리되어 나와야 합니다. 기존 세포에서 분리되지 않고 세포가 만들어지면 기형이 되어 버립니다. 하나의 가정이 만들어 지는 것은 새로운 세포가 만들어 지는 것과 같습니다.

하나님께서는 남자에게 권위를 주시고 새 가정을 이끌어 가라고 하십니다. 권위는 가정을 보호하고 이끌어 갈 수 있는 힘입니다. 권위는 권력이 아닙니다.

아내는 '남편의 **권위**'를 존중하면 됩니다.

---

* 모태의 탯줄 절단은 1차 탯줄 절단이고, 결혼으로 부모로 부터 분리되는 것은 2차 탯줄 절단이며, 죽음으로 이 세상을 떠나는 것은 3차 탯줄 절단입니다.

회개와 회계

회**개**는 입학 증명서입니다.

많은 현대 크리스천들이 회개를 구원의 확정적인 인증서로 생각하고 있습니다. 한번 회개하여 크리스천이 되면 평생 죄 없는 것이 된다는 인증서 말입니다. 회개는 크리스천의 입학 증명서입니다.

많은 현대 크리스천들이 의외로 회계에는 별 관심이 없습니다.

회**계**는 졸업성적 증명서입니다.

인생이라는 집

모태에서 주택 설계도가 만들어집니다. 유아기에는 기초 공사를 하게 됩니다. 소녀 소년기에는 건물의 골격을 세웁니다. 사춘기에 들어서면 세부 공사에 들어 갑니다. 청년기에는 주택이 완성됩니다. 장년기에는 주택에 거주합니다. 중년기에는 집수리를 합니다. 노년기에는 철거 준비를 합니다.

그리고 영원한 천국의 집으로 이사하게 됩니다.

해라!

"해라, 해라, 해라." 세상을 사노라니 해야 할 일들이 정말 많습니다. 너무 많은 일들을 하다 보니 기력이 다 소진되어 버립니다. 탈진된 몸을 끌고 간신히 기어 들어간 곳이 교회입니다. 이 곳에서는 쉼을 얻을 수 있구나 싶더니 그것도 잠시. 다시 시작되는 '해라, 해라, 해라'.

교회에서 해야 할 것은 딱 하나입니다. 하나님의 품 안에서 푹 쉬면서 천국으로 들어갈 채비를 하는 것입니다.

잔만 만지작거려서야 ...

이따금 신비한 신앙 체험을 했다는 교인들을 만나게 됩니다. 드물게 경험하는 것이어서인지, 무슨 귀한 보물이라도 되는 듯 그 신비한 체험에 너무 심하다 싶게 집착을 하는 것을 보게 됩니다. 신비한 체험은 구원이라는 귀한 것을 담는 그릇에 불과합니다.

오직 예수라면서 온통 신비한 체험에만 푹 빠져서야 되겠습니까!

알부자

세상의 알부자 이신가요?

알부자들은 자신이 소유하고 있는 부의 양을 밖으로 드러내지 않고 부의 규모를 더 확장하기 위해 꾸준히 일을 합니다.

재물의 규모를 확장하는 방법을 알부자 가문이 잘 아는 것처럼, 모태 신앙 자녀들은 부모님의 모습을 보면서 신앙의 알부자로 살아 가는 법을 배웁니다.

하나님을 향한 일들은 하늘에 쌓인다고 합니다. 많은 일을 하면 많은 재물을 천국에 쌓는 것이 되겠지요. 교회들마다 교회 일을 정말 열심히 하는 큰 일꾼들이 있습니다. 이들은 신앙의 알부자일까요, 아니면 신앙의 일부자일까요?

천국에서 정말로 큰 자는 부족한 목회자와 성도들을 섬기는 자들입니다. 섬기는 만큼 알부자가 되며, 더욱 더 낮은 자리에서 섬기면 더 큰 알부자가 됩니다. 진정한 섬김의 의미를 모르고 일만 열심히 하면 일부자일 뿐입니다.

하늘의 알부자가 됩시다.

출석부

교회에는 출석부가 없습니다.

교회는 머리되신 예수님의 지체가 되기 위해 하나님의 자녀들이 모이는 곳입니다. 교인이 된다는 것은 신체의 일부가 되어 머리가 뜻하는대로 움직이겠다는 것입니다.

좋은 열매가 맺어 지려면 머리되신 예수님의 온전한 지체가 되어야 합니다. 충실한 지체가 되면 열매가 맺어지게 되고 이 열매를 천사들이 수거해 천국에 들여 놓습니다.

한 교회의 지체가 되려면 지각이나 결석 없이 충실하게 출석을 해서 영양을 공급 받아야 합니다. 지각이나 결석이 잦으면 열매는 고사하고 뿌리조차 내리지 못해 시들어 말라 버립니다.

조그마한 일을 빌미로 이 교회 저 교회로 찬 겨울 바람을 맞으면서 들락 날락 거리면 영적 변종 바이러스에 걸리게 됩니다. 예수님으로부터 개 취급을 받던 사마리아 여인을 생각하세요.*

교회의 출석부는 하늘에 있습니다.

* 우리는 사마리아보다도 더 부정한 지역에 살고 있는 속된 이방인들입니다.

리허설

리허설 잘 하고 계시죠?

예배는 하늘 나라의 축제에 참석하기 위한 리허설입니다. 이 땅에서 충분히, 때로는 지나칠 정도로 리허설을 해야 실제 축제에서 좋은 결과가 나옵니다. 하늘 나라의 축제가 어디 보통 축제인가요?

리허설에 불참하시면 안됩니다. 자칫하면 축제는 고사하고 최종 리허설에 참석하지 못하게 되는 불상사가 생길 수 있거든요. 이 리허설은 여럿이 모여서 함께 하는 합동 리허설입니다.

스타는 하나 뿐입니다. 스타의 이름은 예수 그리스도입니다. 한때 이 스타의 자리를 차지하려고 사탄이 천사 노조를 선동해서 천국 탄핵을 소추 했었는데, 그 탄핵 소추 자체가 불법이었으니까 당연히 기각이 되고 사탄은 천국에서 추방되고 말았습니다.

누구든 한 번 쯤은 영화 속의 스타가 되고 싶다는 마음을 품습니다. 시간이 흐르면서 스타가 되기 보다는 좋아하는 스타의 팬이 됩니다. 영화 밖의 현실 세상, 그 곳에 있는 슈퍼 스타 예수 그리스도의 팬이 되세요!

자, 리허설에 가십시다.

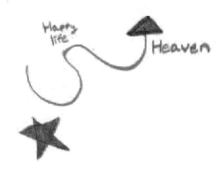

복음 열차

기차 여행 좋아하세요?

비행기를 타면 세계 모든 곳을 여행할 수 있습니다.
180 일 코스 크루즈로 세계 일주를 할 수 있습니다.
지구 전체를 바라보는 우주왕복선 여행도 있습니다.

자동차로 미주 횡단 여행을 하는 사람들이 많습니다.
시베리아 대륙 횡단 철도 여행도 아주 매력적입니다.
유럽 대륙 횡단 여행은 많은 여행객들의 로망입니다.

뭐니뭐니 해도 낭만을 위해서라면 철도 여행입니다.
모든 나라에는 낭만적인 철도 여행 코스가 있습니다.
낭만이 가득한 철도 여행은 사랑으로 채워 있습니다.

사랑하는 사람들과 함께
복음열차에 올라 보세요.

때가 되면,

사랑하는 사람들과 함께
예수님을 만나게 됩니다.

사랑

사랑은 어떤 맛일까요?

사랑은 아주 쓴, 아주 짠, 아주 신, 그리고 아주 단 맛 아닐까요?
그래야 짠 소금처럼 썩지도 않고, 쓴 약처럼 치료도 하고, 몸서리
쳐지도록 시리고, 그리고 포도당처럼 힘을 북돋울 수도 있겠지요.

사랑은 만국 공용어입니다. 사랑은 하늘에서 통용되는 언어입니다.
하나님의 자녀가 되면 사랑이라는 천국 언어를 배우기 시작 합니다.

신앙 생활은 하나님께서 주시는 사랑의 힘으로 모든 것을 이기며 나
가는 것입니다. 하나님께서 성도들의 마음을 잡는 것도 사랑이고,
성도들이 하나님의 마음을 사로잡는 것도 사랑입니다. 사탄과의 격
투에서도 필살기는 사랑입니다.

인간의 심성 깊은 바닥에는 정욕과 탐욕의 용암이 끓어 오르고 있습
니다. 이 용암이 솟구치면 자신과 주변 사람들을 불태워 버립니다.
오직, 뜨거운 사랑의 불꽃이 정욕과 탐욕의 불을 태울 수 있습니다.

사랑으로 한 주를 태워 보실 수 있겠습니까?

제일은 사랑이라

믿음, 소망, 사랑 중에 제일은 무엇일까요?

이 세상을 살아 가려면 믿음, 소망, 그리고 사랑이 필요합니다. 믿음은 이 땅에서 천국으로 가는 여정에 필요한 것입니다. 소망은 믿음이 연약하여 쓰러진 자를 다시 일으켜 세워 줍니다. 그리고, 사랑은 절대적인 에너지입니다.

천국에서도 믿음, 소망, 그리고 사랑이 필요할까요? 천국에 이미 입성한 하나님의 자녀들에게는 믿음이 필요 없습니다. 천국을 향한 소망이 이루어진 성도들에게는 더 이상 소망도 필요치 않습니다. 믿음과 소망은 천국에서 살기 위해 필요한 것이 아닙니다. 믿음과 소망은 천국에 가기 위해 이 땅에서 필요한 것입니다.

장거리 로켓이 어느 지점에 다다르면 소진된 연료통이 로켓에서 분리됩니다. 몇 개의 연료통을 버리고 나면 우주선은 대기권 밖 우주 공간으로 진입하게 됩니다. 마찬가지로 믿음과 소망은 천국으로 들어가는 순간까지만 필요한 것입니다.

믿음과 소망과 사랑 중에 제일은 사랑입니다.

195

오직, 예수님!